漢字

학부모님들의 뜨거운 사랑, 최고의 학습지로 보답하겠습니다!

기탄학습지를 사랑해 주시는 전국의 유·초등학생, 그리고 학부모님 여러분!

　그동안 기탄교육은 대한민국 모든 어린이들이 공평한 교육기회를 누릴 수 있도록, 저렴하면서도 최고의 학습효과를 거둘 수 있는 서점용 학습지를 개발·보급하여 왔습니다. 대표 브랜드 기탄수학을 비롯하여 기탄사고력수학, 기탄국어와 급수한자, 스텝퍼드영단어 등 기탄의 학습지들은 자녀교육에 관심이 높은 학부모님들께 꾸준한 인기를 얻었으며, 그 결과 기탄수학이 3년 연속 주요 일간지 학습지부문 히트상품에 선정되기도 했습니다. 또한 외국 교포, 외국에서 근무하는 외교관이나 상사주재원의 자녀, 이민이나 조기유학을 떠나는 학생들에게 기탄학습지는 꼭 챙겨야 하는 중요품목으로 자리잡게 되었습니다.

　기탄교육은 이러한 성원에 힘입어 교재에 대한 다양한 요구를 수렴하고, 교육의 시대적 변화에 능동적으로 대처한 신개념 학습지 기탄한글과 기탄영어를 개발하여 전국의 학부모님들로부터 뜨거운 찬사를 받고 있습니다. 특히 세계 최초로 채택한 4 in 1 시스템 제본은 뛰어난 학습 효과는 물론이고, 고객중심의 사고로 우리나라 교육출판 역사에 한 획을 그은 획기적인 발상으로 평가받고 있습니다.

　이번에 새로이 선보인 「기탄한자」 역시 어린이들과 학부모님의 기대에 부응하는 최고의 한자학습지라 자부합니다. 최근 한자능력검정시험에 응시하여 자격증을 따는 초등학생의 숫자가 기하급수적으로 증가하는 등 한자교육의 중요성이 높아지고 있습니다. 특히 어릴 때부터 한자를 익히면 중국어나 일본어를 습득하는데도 큰 도움이 될 뿐만 아니라 국어의 언어능력이 높아지고 학습효과가 증대된다는 많은 연구보고가 있습니다.

　'곡식은 농부의 발자국 소리를 듣고 자란다' 는 말처럼 아이들 교육에서도 부모의 관심과 애정이 가장 큰 힘이요, 자양분입니다. 무조건 값비싼 사교육에 우리 아이들을 맡기기보다는 아이들 스스로 공부하는 힘을 길러줄 수 있도록 기초 교육만큼은 부모님께서 직접 챙겨 주십시오.
　앞으로도 저희 기탄교육은 항상 연구하고 노력하는 자세로 부모와 자녀가 함께 공부할 수 있는 좋은 교재를 개발하기 위해 모든 노력을 경주하겠습니다.

　기탄을 사랑하시는 전국의 모든 학부모님과 어린이 여러분께 진심으로 감사의 말씀을 드립니다.

(주) 기탄교육 임직원 일동

그림으로 익히고 놀이로 기억하는
〈입체 한자 학습프로그램〉

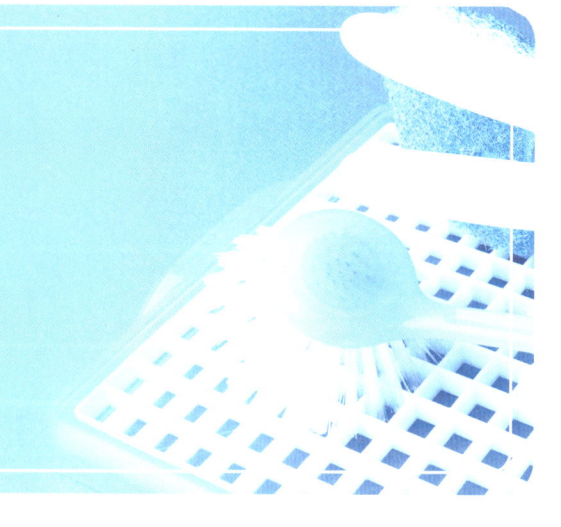

이미지 연상에 의한 그림 한자 학습

한자는 그림에서 출발한 문자입니다. 사물의 모양을 본떠서 점차 상징화된 표의문자(뜻글자)로 발전하여 오늘날 세계에서 가장 많은 수의 인구가 사용하는 문자가 되었습니다. 기탄한자는 아이들에게 한자를 그림의 일부로서 뜻을 기억하게 하고 사물의 모양에서 문자 요소를 각인하도록 하였습니다. 학습지업계 최초로 이미지 연상을 통한 그림 한자를 개발하여 아이들은 한자를 기호가 아닌 그림 덩어리로 받아들여 저절로 기억하게 됩니다.

자원변화 과정의 이해를 통한 원리 이해 학습

기탄한자는 무조건 쓰고 외우는 방식이 아니라 자원변화 과정의 이해를 통한 제자 원리를 이해하도록 합니다. 갑골문 – 금문 – 설문해자의 한자 변천 과정을 아이들의 눈으로 접해 보며 원리 이해에 의한 한자 학습을 진행합니다. 문자학계의 정설을 엄선하여 학문적으로 여러 번의 감수와 고증을 거친 한자 학습의 표본이 될 수 있는 한자 학습프로그램입니다.

학습 효과를 극대화하는 체계적인 학습 전개 방식

한 주의 학습 전개 방식은
복습 ➡ 도입 ➡ 전개 ➡ 활용 ➡ 정리 ➡ 상식 ➡ 놀이
학습의 순서로 전개됩니다.

복습 한 주 학습의 시작은 항상 지난 주에 학습했던 한자의 복습으로 출발합니다.

도입 재미있는 창작 동화를 통해 이번 주에 익힐 한자의 개념을 접하고 스티커 활동을 통해 흥미를 불러일으킵니다.

전개 각각 한자의 뜻과 소리와 모양 그리고 필순, 부수, 한자어 등을 익히게 됩니다.

활용 학습한 한자를 다양한 놀이 방법을 통하여 자연스럽게 좌뇌와 우뇌를 개발하는 이미지 학습법으로 한자 실력을 다져 나갑니다.

정리 앞서 익힌 3요소, 필순, 부수 등 한자의 가장 필수적인 내용을 마무리합니다.

상식 한자와 관련된 상식, 고사, 유래, 일화 등 여러 가지 흥미로운 이야기들을 엄마와 아이가 함께 읽어 나가면서 학습에 진정한 재미를 느낄 수 있습니다.

놀이 오리기, 접기, 만들기, 퍼즐 맞추기, 그림 그리기, 만화 등 아이의 오감을 이용할 수 있는 놀이 활동으로 한 주 학습을 마무리합니다.

아이들은 한자박사로, 엄마는 진정한 선생님으로 만들어 드립니다

아동의 좌우뇌 발달을 돕는 한자 학습

대뇌를 연구하는 학자들에 의하면 6세 이전에는 우뇌가 주로 발달하고 그 이후에는 좌뇌 발달이 이루어진다고 합니다. 우뇌는 이미지, 직관, 예술 등의 기능을 담당하고 좌뇌는 분석적, 논리적, 언어적인 역할을 담당합니다. 기탄한자만의 자랑인 그림 한자, 도트 연결 한자, 숨은 한자, 직관 한자 등 이미지 요소 학습을 통해 직관력과 통찰력을 키워 아이의 우뇌를 자극해 줍니다. 또, 뜻, 소리, 모양 분리하기, 규칙성 알기, 모눈한자 따라가기, 모양 추리하기, 한글·한자병기 학습은 아이의 좌뇌를 개발시켜 줍니다. 10세 미만의 아이라면 바로 기탄한자로 아이의 두뇌개발을 도와 주세요.

하나의 한자를 37회 연습하는 완전학습 프로그램

예를 들어 山(산/뫼 산)이라는 하나의 한자를 기탄한자 프로그램 내에서 총 37회의 학습 기회를 갖게 했습니다. 복습, 도입, 전개, 활용, 응용 등 다양한 학습의 장을 마련하여 아이들은 자신도 모르는 사이에 한자를 접하고 익히게 됩니다. 37회의 학습 기회는 한자를 완전학습으로 이끌어 주는 지름길이 됩니다.

다양한 놀잇감을 통한 입체적 놀이학습

기존의 주입식, 쓰기 일변도의 한자 학습법에서 벗어나 아이들의 오감을 자극하고 아이들이 학습의 주인공이 되는 부교재와 함께 학습합니다. 각 집(권)마다 한자 카드, 스티커는 물론, 한자어 카드와 모형 놀이, 창열기 놀이, 파노라마 놀이, 조각 한자 맞추기 놀이, 병풍 놀이, 브로마이드 등 패키지 학습물 수준의 놀잇감이 아이들의 학습을 재미로 이끌어 줍니다.

독립적인 복습호 운용과 학습 성취도 평가 시스템

4주마다 한 번씩 복습주를 편성하여 앞서 익힌 한자들을 기억하도록 구성하였습니다. 이미 학습한 한자를 시간의 흐름과 함께 잊어버리지 않도록 각 집(권)마다 1호씩 총복습의 기회를 갖게 합니다. 또, 복습호에서는 일정 기간 동안의 학습 성취도를 점검하는 형성평가를 구성하여 올바른 진도 진행을 도왔습니다. 엄마는 집(권)별 형성평가와 각 단계별 총괄평가를 통하여 우리 아이의 학습 상황을 점검하고 적절한 동기유발과 칭찬으로 진정한 엄마 선생님이 될 수 있습니다.

〈형성평가와 총괄평가〉

어렸을 때 배운 한자는 평생을 통해 활용됩니다
한자 학습의 중요성이 날로 높아지고 있습니다

● 한자 학습은 왜 필요할까요?

한자 학습은 이제 선택이 아닌 필수가 되었습니다. 우리의 언어 생활에 반드시 필요한 영역이라는 인식과 함께 한자가 지닌 학문적 전이성, 시대적 필요성 등이 재해석 되고 있기 때문입니다.

첫째, 우리말의 70% 이상이 한자어로 이루어졌기 때문에 기본적인 언어 생활에 도움을 줍니다. 곧 우리말을 바르게 이해하고 올바른 국어 생활을 하기 위해서는 한자를 아는 것이 필수적입니다.

둘째, 국어, 수학, 사회, 역사, 외국어 등 다른 학과 공부에 많은 도움을 줍니다. 예를 들어 수학을 공부할 때 분자(分子), 분모(分母), 분수(分數) 등 한자를 알고 있는 아이라면 수학의 개념도 훨씬 더 쉽고 정확하게 이해할 수 있습니다. 이렇게 한자는 타과목의 도구 교과적인 성격을 갖고 있습니다.

셋째, 어휘력과 이해력의 신장으로 문장 의미 파악이 쉬워져 책을 가까이 하는 아이로 만들어 줍니다. 한자는 조어력(造語力)과 의미 함축성이 매우 뛰어난 문자입니다. 이러한 이유로 전문서적이나 학술 용어 등은 한자로 표현되어 있습니다. 많은 양의 독서 경험은 곧 아이의 생각하는 힘과 창의력을 길러 줍니다.

넷째, 한자나 한문에는 선인들의 지혜와 윤리관이 배어 있어 바람직한 가치관과 예의범절을 배울 수 있습니다. 고전, 명문 속에 담긴 효행, 우애, 경로 등 사상적인 유산을 통해 바람직한 가치관을 가질 수 있고 나아가 사람이 해야 할 도리, 어른을 공경하는 자세, 학문을 배우는 자세 등도 익힐 수 있습니다.

● 한자 학습의 추세는 어떤가요?

한자 사용을 사대주의적 발상, 중국의 문자 차용이라고 보는 종전의 시각에서 벗어나 이제는 우리 언어의 일부라는 인식이 확대되어 초등학생부터 성인까지 한자 학습 열풍이 불고 있습니다.

첫째, 한자능력검정시험의 자격증이 국가 공인 자격증으로 인정됨에 따라 유아~성인에 이르기까지 한자 학습 붐이 일고 있습니다.

둘째, 21세기의 주역으로 한자 문화권이 급부상함에 따라 중국어, 일본어의 기초로서 한자 학습의 열기가 높아지고 있습니다. 한자는 세계인구의 1/4이 사용하고 있는 국제 문자로서 앞으로 그 중요성은 날로 높아질 것입니다.

셋째, 2005년부터 대학 수학 능력 시험 외국어 영역에 한문 과목이 추가되고 중·고등학교의 시험 출제 유형에서 논술 유형 출제 비중이 높아짐에 따라 한자 학습의 조기 교육이 일반화되어 가고 있는 상황입니다.

넷째, 대부분의 초등학교에서 재량시간으로 한자 학습을 시행하고 있습니다. 70년대 이후 한자 교육을 전혀 받지 못했던 부모님들과는 달리 현재 대부분의 초등학생들이 한자를 배우고 있습니다.

다섯째, 각종 공문서, 도로 표지판 등에 한자를 병기하는 국가 정책과 경제계, 교육계 등 각계의 한자 학습 요구에 대한 발표로 한자 학습의 중요성은 더욱 높아지고 있는 상황입니다.

한자 학습은 아이의 두뇌를 개발해 줍니다
한자 학습의 체계! 기탄한자가 잡아 줍니다

● 한자 학습의 효과는 무엇인가요?

▶ 한자는 그림에서 시작된 문자로서 구체적 이미지 자체가 곧 문자가 되었습니다. 이러한 시각적 이미지를 통한 학습은 곧 아동의 우뇌를 자극해 줍니다.

▶ 한자는 하나의 기초 개념에서 새로운 개념을 창출해 나갑니다. 이러한 과정을 통하여 아동의 창의력, 어휘력을 길러 줍니다.

▶ 한자는 저마다의 뜻, 소리, 모양을 각기 지닌 문자입니다. 이렇게 저마다의 뜻과 소리, 모양을 분석하는 연습을 통해 아동의 좌뇌 발달을 돕습니다.

▶ 한자는 부수와 몸이라는 수많은 부속품들의 조합으로 이루어진 문자입니다. 이러한 부속품들의 분리와 합체 과정을 통해 아이의 좌뇌를 발달하게 하고 논리력, 분석력을 키워 줍니다.

▶ 한자가 갖는 문자학적 특징은 조어력, 의미 함축성, 의미 명시성이 있습니다. 이미 만들어진 한자와 한자를 결합하여 새로운 단어를 만드는 조어력, 의미를 함축적으로 표현할 수 있는 의미 함축성, 의미가 바로 드러나는 의미 명시성이 있습니다.

한자 학습의 연구가 활발히 이루어지는 일본에서는 한자 학습의 시기가 빠를수록 좋다고 합니다. 그것은 우뇌 발달 시기인 6세 이전에 표의문자를 더 쉽게 받아들일 수 있으며, 초등학교 1학년 때가 가장 높은 효과를 보인다는 주장입니다. 그러므로 어른들의 관점으로 한자가 유아들에게 어렵다는 편견은 버려야 하며 한글을 어느 정도 읽을 수 있는 시기라면 한자 학습의 적기라고 할 수 있습니다.

● 기탄한자는 어떻게 구성되었나요?

▶ 기탄한자는 그림과 놀이로 시작하는 기초 한자 과정에서부터 고전명저의 명문장까지 한자 학습의 체계를 세우는 프로그램입니다. 중학교 교육용 한자 900자의 범위에서 기초한자(낱자)과정 ➔ 조어(교과서 한자어)과정 ➔ 문장(고전)과정의 학습까지 한자 학습의 체계를 세우는 학습목표로 개발되었습니다.

▶ 기초한자(낱자)과정(A단계~D단계)에서는 한자를 처음 시작하는 유아에서 한자 학습의 경험이 없는 초등학교 2학년생을 대상으로 상형자, 지사자 등 쉬운 개념의 기초한자 168자를 익히게 됩니다.
시각 이미지를 통한 그림한자의 각인과 다양한 부교재를 통한 놀이 학습으로 재미있게 학습하는 특성을 지니고 있습니다. 또, 최고의 일러스트와 세련된 디자인으로 아동의 정서적 심미감을 기를 수 있는 프로그램입니다. 기존의 한자 교재와는 차별화된 학습 효과를 얻을 수 있습니다.

▶ 조어(교과서 한자어)과정(E단계~G단계)에서는 총 90여권의 초등학교 교과서에 쓰인 모든 한자어를 사용 빈도와 한자 난이도에 따라 분석한 방대한 양의 데이터베이스를 갖추어 156자의 학습 한자와 530여 한자어를 선정하였습니다.

신출 한자와 이미 학습한 기출 한자를 조합하여 새로운 어휘를 만들어 내는 무궁무진한 조어(造語)의 원리를 아이가 스스로 깨달아 이해력과 어휘력이 높은 아이로 자라나게 해줍니다. 또 단편적인 한자 암기 학습에서 벗어나 국어, 수학, 사회, 과학 영역의 다양한 예문 학습과 창작 동화, 인물, 시, 신문, 고전이야기 등의 학습으로 학교 수업에 자신감을 길러 주고 나아가 어휘력, 사고력 향상으로 논술의 기초 능력까지 배양해 줍니다.

구성내용

A·B단계 교재별 구성내용은 이렇습니다

◆ 기탄한자 A단계 호별 학습 내용 및 부교재

집	호		학습 한자	학습 한자어	부교재
1집	1	1a ~ 12a	山, 川, 日	강산, 등산/ 하천, 산천/ 日기, 日월	한자 모형 놀이 한자 카드 한자어 카드
	2	13a ~ 24a	月, 火, 水	반月, 月급/ 火산, 火재/ 水영장, 水요일	
	3	25a ~ 36a	木, 金, 土	木수, 식木일/ 金구, 황金/ 국土, 土지	
	4	37a ~ 48a	복습+놀이 학습	복습	
2집	5	49a ~ 60a	一, 二, 三	一등, 통一/ 二층, 二학년/ 三각형, 三총사	한자 창열기 놀이 한자 카드 한자어 카드
	6	61a ~ 72a	四, 五, 六	四방, 四계절/ 五선지, 五월/ 六학년, 六반	
	7	73a ~ 84a	七, 八, 九	북두七성, 七면조/ 八도강산, 八방미인/ 九관조, 九구단	
	8	85a ~ 96a	복습+놀이 학습	복습	
3집	9	97a ~ 108a	十, 百, 千	十자가, 十월/ 百점, 百화점/ 千자문, 千리마	한자 파노라마 놀이 한자 카드 한자어 카드
	10	109a ~ 120a	耳, 目, 口	耳목, 耳비인후과/ 제目, 면目/ 식口, 출입口	
	11	121a ~ 132a	人, 手, 足	人간, 人형/ 手술, 선手/ 足구, 수足	
	12	133a ~ 144a	복습+놀이 학습	복습	
4집	13	145a ~ 156a	田, 石, 玉	유田, 대田/ 石공, 石굴암/ 백玉, 玉동자	한자 브로마이드 한자 카드
	14	157a ~ 168a	力, 大, 小	인力거, 풍力/ 大학생, 大가족/ 小아과, 小인국	
	15	169a ~ 180a	上, 中, 下	上의, 上행선/ 中국, 中심/ 下교, 下인	
	16	181a ~ 192a	복습+총괄 평가+놀이 학습	복습	

◆ 기탄한자 B단계 호별 학습 내용 및 부교재

집	호		학습 한자	학습 한자어	부교재
1집	1	1a ~ 12a	犬, 牛, 羊	충犬, 애犬/ 牛유, 牛마차/ 羊모, 백羊	한자 모형 놀이 한자 카드 한자어 카드
	2	13a ~ 24a	父, 母, 子	父母, 父자/ 母녀, 학부母/ 子녀, 여子	
	3	25a ~ 36a	生, 心, 身	生일, 선生/ 心신, 안心/ 身체, 身장	
	4	37a ~ 48a	복습+놀이 학습	복습	
2집	5	49a ~ 60a	車, 士, 己	車도, 자전車/ 군士, 박士/ 자己, 극己	한자 창열기 놀이 한자 카드 한자어 카드
	6	61a ~ 72a	自, 工, 門	自동차, 自연/ 목工, 工장/ 대門, 창門	
	7	73a ~ 84a	刀, 王, 白	단刀, 은장刀/ 王자, 국王/ 白지, 흑白	
	8	85a ~ 96a	복습+놀이 학습	복습	
3집	9	97a ~ 108a	魚, 貝, 鳥	인魚, 魚항/ 貝물, 貝총/ 백鳥, 길鳥	한자 파노라마 놀이 한자 카드 한자어 카드
	10	109a ~ 120a	主, 册, 雨	主인, 主객/ 册상, 공册/ 雨산, 雨의	
	11	121a ~ 132a	風, 里, 竹	風차, 강風/ 里장, 里정표/ 竹림, 竹도	
	12	133a ~ 144a	복습+놀이 학습	복습	
4집	13	145a ~ 156a	草, 花, 馬	약草, 草가/ 무궁花, 花원/ 경馬장, 馬부	한자 브로마이드 한자 카드
	14	157a ~ 168a	男, 女, 夕	男녀, 미男/ 소女, 선女/ 夕양, 추夕	
	15	169a ~ 180a	舌, 齒, 面	작舌차, 舌음/ 齒과, 충齒/ 가面, 수面	
	16	181a ~ 192a	복습+총괄 평가+놀이 학습	복습	

C · D단계 교재별 구성내용은 이렇습니다

◆ 기탄한자 C단계 호별 학습 내용 및 부교재

집	호		학습 한자	학습 한자어	부교재
1집	1	1a ~ 12a	文, 化, 言, 才	文인, 文신/ 化석, 문化/ 言어, 言론/ 다才, 천才	한자 맞추기 놀이 한자 카드 한자어 카드
	2	13a ~ 24a	兄, 弟, 交, 友	兄제, 학부兄/ 의兄弟, 弟자/ 交통, 외交/ 交友, 전友	
	3	25a ~ 36a	多, 少, 血, 肉	多정, 多소/ 少녀, 노少/ 심血, 血육/ 肉식, 肉신	
	4	37a ~ 48a	복습+놀이 학습	복습	
2집	5	49a ~ 60a	出, 入, 內, 外	出구, 出생/ 入구, 出入/ 國內, 차內/ 外국, 內外	한자 병풍 놀이 한자 카드 한자어 카드
	6	61a ~ 72a	去, 來, 立, 坐	去래, 과去/ 來일, 미來/ 자立, 立동/ 정坐	
	7	73a ~ 84a	光, 明, 行, 步	光명, 풍光/ 문明, 明월/ 신行, 行진/ 步병, 步행	
	8	85a ~ 96a	복습+놀이 학습	복습	
3집	9	97a ~ 108a	天, 地, 江, 河	天사, 天국/ 천地, 地구/ 江산, 江촌/ 河천, 은河수	한자 주사위 놀이 한자 카드 한자어 카드
	10	109a ~ 120a	毛, 皮, 角, 蟲	毛피, 양毛/ 목皮, 皮혁/ 녹角, 직角/ 초蟲, 해蟲	
	11	121a ~ 132a	古, 今, 衣, 食	古목, 古서/ 古今, 今일/ 우衣, 하衣/ 외食, 초食	
	12	133a ~ 144a	복습+놀이 학습	복습	
4집	13	145a ~ 156a	君, 臣, 兵, 卒	君주, 君신/ 臣하, 충臣/ 兵사, 兵력/ 卒병, 卒업	한자 브로마이드 한자 카드
	14	157a ~ 168a	方, 向, 左, 右	지方, 方향/ 풍向, 남向/ 左우, 左향左/ 右회전, 좌右명	
	15	169a ~ 180a	本, 末, 分, 合	근本, 本인/ 末일, 본末/ 分교, 分수/ 合창, 合심	
	16	181a ~ 192a	복습+총괄 평가+놀이 학습	복습	

◆ 기탄한자 D단계 호별 학습 내용 및 부교재

집	호		학습 한자	학습 한자어	부교재
1집	1	1a ~ 12a	靑, 赤, 音, 色	靑산, 靑년/ 赤색, 赤십자/ 音악, 音색/ 백色, 色지	한자 맞추기 놀이 한자 카드 한자어 카드
	2	13a ~ 24a	住, 所, 姓, 名	의식住, 住택/ 所감, 장所/ 姓명, 백姓/ 名작, 지名	
	3	25a ~ 36a	利, 用, 有, 無	利용, 예利/ 공用, 식用/ 有명, 소有/ 無인도, 無례	
	4	37a ~ 48a	복습+놀이 학습	복습	
2집	5	49a ~ 60a	公, 平, 意, 思	公공, 公무원/ 平화, 平야/ 意견, 동意/ 思고, 思상	한자 병풍 놀이 한자 카드 한자어 카드
	6	61a ~ 72a	老, 弱, 貧, 富	老인, 원老/ 弱세, 노弱/ 貧약, 貧혈/ 富귀, 富자	
	7	73a ~ 84a	正, 直, 忠, 孝	正직, 正답/ 直선, 直각/ 忠성, 忠언/ 孝도, 孝녀	
	8	85a ~ 96a	복습+놀이 학습	복습	
3집	9	97a ~ 108a	前, 後, 走, 止	역前, 오前/ 오後, 식後/ 활走로, 경走/ 止혈, 금止	한자 주사위 놀이 한자 카드 한자어 카드
	10	109a ~ 120a	法, 道, 完, 全	法률, 法원/ 道로, 道덕/ 完승, 完성/ 全국, 안全	
	11	121a ~ 132a	善, 惡, 長, 短	善악, 善행/ 惡마, 惡몽/ 長검, 사長/ 장短, 短명	
	12	133a ~ 144a	복습+놀이 학습	복습	
4집	13	145a ~ 156a	世, 界, 國, 家	世계, 출世/ 외界, 정界/ 國왕, 國어/ 家족, 작家	한자 브로마이드 한자 카드
	14	157a ~ 168a	東, 西, 見, 聞	東서남북, 東해/ 西구, 西부/ 발見, 見학/ 新聞, 풍聞	
	15	169a ~ 180a	南, 北, 兄, 童	南극, 南대문/ 北극, 北상/ 유兄, 뮤兄/ 목童, 童화	
	16	181a ~ 192a	복습+총괄 평가+놀이 학습	복습	

구성내용

E단계 교재별 구성내용은 이렇습니다

◆ 기탄교과서한자 **E단계** 호별 학습 내용 및 부교재

집	호		학습 한자	학습 한자어		심화 영역		부교재
1집	1	1a~16a	寸京品市	寸 : 四寸, 外三寸, 四寸間 品 : 食品, 用品, 作品	京 : 上京, 京畿道, 京仁線 市 : 市內, 市場, 市立	창작동화 고사성어 시	소중한 지폐 한 장 1 水魚之交 사랑스런 추억 – 윤동주	한자 카드 쓰기보따리 형성평가
	2	17a~32a	巨具各曲	巨 : 巨人, 巨大, 巨木 各 : 各各, 各自, 各國	具 : 家具, 道具, 用具 曲 : 作曲, 曲線, 行進曲	창작동화 고사성어 시	소중한 지폐 한 장 2 他山之石 봄 – 빅토르 위고	
	3	33a~48a	可由原因	可 : 可能, 可決, 不可能 原 : 原子力, 原因, 草原	由 : 自由, 由來, 理由 因 : 原因, 因果, 要因	창작동화 고사성어 시	슬기로운 재판 1 見物生心 절정 – 이육사	
	4	49a~64a	복습	복습		창작동화 고사성어 시	슬기로운 재판 2 漁夫之利 동방의 등불 – 타고르	
2집	5	65a~80a	同求失反	同 : 同生, 同行, 合同 失 : 失手, 失明, 失言	求 : 求心力, 要求, 求人 反 : 反面, 反省, 反共	창작동화 고사성어 시	닭이 사람과 함께 살게 된 이유 1 五十步百步 접동새 – 김소월	한자 카드 쓰기보따리 형성평가
	6	81a~96a	告共首民	告 : 忠告, 原告, 告白 首 : 自首, 首弟子, 首相	共 : 共同, 公共, 共生 民 : 市民, 國民, 民心	창작동화 고사성어 시	닭이 사람과 함께 살게 된 이유 2 登龍門 눈 내린 아침 – 이인로	
	7	97a~112a	元先年回	元 : 元日, 元金, 元來 年 : 少年, 靑年, 一年	先 : 先生, 先山, 先王 回 : 一回用品, 河回, 回轉	창작동화 고사성어 시	쇠를 먹는 쥐 1 馬耳東風 눈 오는 저녁 – 김소월	
	8	113a~128a	복습	복습		창작동화 고사성어 시	쇠를 먹는 쥐 2 白眉 만돌이 – 윤동주	
3집	9	129a~144a	不非未必	不 : 不足, 不公平, 不平 未 : 未安, 未來, 未完成	非 : 非行, 是非, 非常口 必 : 必要, 生必品, 不必要	창작동화 고사성어 시	세 친구 1 多多益善 삶이 그대를 속일지라도 – 푸슈킨	한자 카드 쓰기보따리 형성평가
	10	145a~160a	知加字幸	知 : 知人, 知己, 告知 字 : 文字, 數字, 十字	加 : 加入, 加味, 加工 幸 : 多幸, 不幸, 幸福	창작동화 고사성어 시	세 친구 2 聞一知十 집 – 김영랑	
	11	161a~176a	表形味香	表 : 表面, 表情, 表明 味 : 意味, 風味, 口味	形 : 人形, 三角形, 地形 香 : 香水, 香氣, 香	창작동화 고사성어 시	꿀강아지 1 知音 올벼 고개 숙이고 – 이현보	
	12	177a~192a	복습	복습		창작동화 고사성어 시	꿀강아지 2 竹馬故友 행복 – 한용운	
4집	13	193a~208a	星軍相和	星 : 行星, 天王星, 北斗七星 相 : 首相, 人相, 色相	軍 : 軍人, 國軍, 軍士 和 : 平和, 和音, 共和國	창작동화 고사성어 시	흰 코끼리의 전설 千里眼 나그네의 밤 노래 – 괴테	한자 카드 쓰기보따리 형성평가
	14	209a~224a	單別命祖	單 : 單元, 名單, 食單 命 : 生命, 人命, 命令	別 : 別名, 別世, 分別 祖 : 先祖, 祖上, 祖父母	창작동화 고사성어 시	뱀이 기어 다니게 된 이유 1 朝三暮四 말 없는 청산이오 – 성혼	
	15	225a~240a	居章異再	居 : 住居, 居室, 同居 異 : 異常, 異意, 大同小異	章 : 文章, 圖章, 樂章 再 : 再生, 再活用, 再三	창작동화 고사성어 시	뱀이 기어 다니게 된 이유 2 一擧兩得 〈사랑〉을 사랑하여요 – 한용운	
	16	241a~256a	복습	복습		창작동화 고사성어 시	뱀이 기어 다니게 된 이유 3 溫故知新 삶의 아침인사 – 애너 리티셔 바볼드	

F단계 교재별 구성내용은 이렇습니다

◆ 기탄교과서한자 F단계 호별 학습 내용 및 부교재

집	호		학습 한자	학습 한자어		심화 영역		부교재
1집	1	1a~16a	仁 仙 信 休	仁: 仁川, 仁祖, 仁君 信: 信用, 自信, 信念	仙: 仙女, 水仙花, 仙人 休: 公休日, 休火山, 休息	창작동화 고사성어 전래동화	달밤에 얻은 행운 1 天高馬肥 빨간부채 파란부채	한자 카드 쓰기보따리 형성평가
	2	17a~32a	安 宅 官 容	安: 未安, 安心, 安全 官: 法官, 官家, 外交官	宅: 住宅, 自宅, 宅地 容: 容恕, 內容, 美容	창작동화 고사성어 전래동화	달밤에 얻은 행운 2 大器晩成 사만년을 산 사람	
	3	33a~48a	海 洋 漁 洗	海: 地中海, 東海, 海外 漁: 漁夫, 漁村, 出漁	洋: 東洋, 西洋, 海洋 洗: 洗手, 洗車, 洗面	창작동화 고사성어 전래동화	백일홍이야기 1 孟母三遷 소금을 만드는 맷돌	
	4	49a~64a	복습	복습		창작동화 고사성어 전래동화	백일홍이야기 2 蛇足 우렁각시	
2집	5	65a~80a	他 位 俗 保	他: 他人, 他地, 自他 俗: 民俗, 風俗, 世俗	位: 方位, 品位, 單位 保: 保全, 安保, 保有	창작동화 고사성어 전래동화	꾀 많은 장님 1 梁上君子 꼭두각시와 목도령	한자 카드 쓰기보따리 형성평가
	6	81a~96a	守 室 客 定	守: 守則, 保守, 守兵 客: 主客, 客室, 客地	室: 室內, 居室, 王室 定: 一定, 決定, 安定	창작동화 고사성어 전래동화	꾀 많은 장님 2 良藥苦於口 잊으라 한 건 안 잊고	
	7	97a~112a	林 村 材 校	林: 山林, 國有林, 竹林 材: 木材, 石材, 人材	村: 山村, 漁村, 民俗村 校: 下校, 校長, 校門	창작동화 고사성어 전래동화	바보 영웅 이야기 1 座右銘 반쪽이	
	8	113a~128a	복습	복습		창작동화 고사성어 전래동화	바보 영웅 이야기 2 矛盾 고양이와 푸른 구슬	
3집	9	129a~144a	決 洞 注 流	決: 決定, 決心, 可決 注: 注文, 注意, 注目	洞: 洞口, 洞長, 仁寺洞 流: 上流, 交流, 流行	창작동화 고사성어 전래동화	괴물 잡은 이발사 同床異夢 임자가 따로 있는 요술 궤짝	한자 카드 쓰기보따리 형성평가
	10	145a~160a	便 作 使 代	便: 便利, 便安, 大便 使: 使用, 天使, 使臣	作: 作心三日, 作用, 作品 代: 古代, 代表, 代身	창작동화 고사성어 전래동화	수수께끼 하나 結草報恩 배나무골 이도령	
	11	161a~176a	念 志 感 想	念: 信念, 記念, 一念 感: 共感, 自信感, 所感	志: 意志, 同志, 志士 想: 回想, 思想, 感想	창작동화 고사성어 전래동화	행운을 찾아다니는 사나이 1 井中之蛙 하늘 나라 밭 구경	
	12	177a~192a	복습	복습		창작동화 고사성어 전래동화	행운을 찾아다니는 사나이 2 近墨者黑 솜뭉치 꼬리가 된 토끼	
4집	13	193a~208a	計 記 語 詩	計: 時計, 合計, 生計 語: 用語, 國語, 言語	記: 日記, 記入, 記念 詩: 童詩, 詩人, 三行詩	창작동화 고사성어 전래동화	그림자 없는 탑 1 有備無患 은혜 갚은 까치	한자 카드 쓰기보따리 형성평가
	14	209a~224a	情 性 進 造	情: 人情, 友情, 心情 進: 行進, 進出, 先進國	性: 性品, 性情, 女性 造: 造成, 造形, 人造	창작동화 고사성어 전래동화	그림자 없는 탑 2 走馬看山 두 개가 된 금덩이	
	15	225a~240a	始 好 雲 雪	始: 始作, 元始, 始祖 雲: 星雲, 白雲, 靑雲	好: 同好人, 好意, 好感 雪: 白雪, 雪景, 雪山	창작동화 고사성어 전래동화	그림자 없는 탑 3 螢雪之功 구렁이 신랑	
	16	241a~256a	복습	복습		창작동화 고사성어 전래동화	그림자 없는 탑 4 苦盡甘來 바리공주	

구성내용

G단계 교재별 구성내용은 이렇습니다

◆ 기탄교과서한자 G단계 호별 학습 내용 및 부교재

집	호		학습 한자	학습 한자어	심화 영역		부교재
1집	1	1a~16a	果實夫婦美	果:成果, 果實, 靑果, 無花果 實:行實, 實力, 實生活, 口實 夫:工夫, 夫子, 夫人, 漁夫 婦:主婦, 夫婦, 婦人, 婦女子 美:美化員, 美國人, 美人, 美化	인물	마크 트웨인	한자 카드 쓰기보따리 형성평가
					창작동화	소가 골라준 새 신랑 1	
					고사성어	改過遷善	
					기사문	돈 더 버는 아내 잡년일 더 한다	
	2	17a~32a	重要活動得	重:重要, 所重, 貴重, 重大 要:必要, 主要, 要求, 要所 活:活用, 生活, 活字, 活力 動:活動, 行動, 動力, 動作 得:所得, 利得, 得失	인물	어네스트 톰슨 시튼	
					창작동화	소가 골라준 새 신랑 2	
					고사성어	錦衣還鄕	
					기사문	컬러식품 좋기좋아	
	3	33a~48a	夜景成功者	夜:夜食, 白夜, 夜光, 夜行 景:風景, 光景, 山景, 雪景 成:成長, 作成, 合成, 完成 功:成功, 功臣, 年功, 功力 者:記者, 富者, 步行者, 老弱者	인물	에디슨	
					창작동화	소가 골라준 새 신랑 3	
					고사성어	管鮑之交	
					기사문	日 간사이 5색 체험관광	
	4	49a~64a	복습	복습	인물	퀴리부인	
					창작동화	소가 골라준 새 신랑 4	
					고사성어	刻舟求劍	
					기사문	재교육기관 노크 해보자	
2집	5	65a~80a	時間空氣集	時:日時, 時代, 同時, 時計 間:人間, 山間, 時間, 中間 空:空中, 空間, 空册, 空想 氣:空氣, 香氣, 日氣, 大氣 集:文集, 集中, 詩集, 集合	인물	장영실	한자 카드 쓰기보따리 형성평가
					창작동화	거짓말 시합 1	
					고사성어	刮目相對	
					기사문	귀성길 차 안에서 게임 한판	
	6	81a~96a	現在協商事	現:表現, 現金, 現地, 出現 在:現在, 所在, 在京, 在來 協:協同, 協力, 協心, 協定 商:商人, 商品, 商去來, 協商 事:人事, 行事, 工事, 記事	인물	록펠러	
					창작동화	거짓말 시합 2	
					고사성어	吳越同舟	
					기사문	폴크스바겐 노·사 대협상	
	7	97a~112a	社會技能部	社:社長, 會社, 社交, 入社 會:大會, 社會, 面會, 立會 技:長技, 技法, 技術, 技能 能:技能, 能力, 可能, 才能 部:部分, 一部分, 外部, 一部	인물	콜럼버스	
					창작동화	말 잘 듣는 효자 1	
					고사성어	羊頭狗肉	
					기사문	국가중대사 국민합의가 필요	
	8	113a~128a	복습	복습	인물	앙리 뒤낭	
					창작동화	말 잘 듣는 효자 2	
					고사성어	完璧	
					기사문	시동 걸면 주행정보 쫙~	
3집	9	129a~144a	問答登場省	問:問安, 問題, 反問 答:問答, 答信, 正答, 回答 登:登山, 登校, 登用 場:市場, 工場, 入場, 場面 省:反省, 自省, 省墓	인물	리스트	한자 카드 쓰기보따리 형성평가
					창작동화	냄새 맡은 값 1	
					고사성어	指鹿爲馬	
					기사문	침체의 잠에 취한 라인강의 기적	
	10	145a~160a	春夏秋冬溫	春:春川, 春香, 立春, 靑春 夏:立夏, 春夏, 夏至 秋:秋夕, 秋風, 春秋 冬:冬至, 立冬, 春夏秋冬 溫:氣溫, 溫室, 溫水	인물	김홍도	
					창작동화	냄새 맡은 값 2	
					고사성어	塞翁之馬	
					기사문	스키장 잘 넘어져야 안 다친다	
	11	161a~176a	貴愛病死敬	貴:貴重, 高貴, 富貴, 貴人 愛:友愛, 愛國, 愛人, 愛犬 病:問病, 白血病, 病室, 病名 死:生死, 死亡者, 不死身, 病死 敬:恭敬, 敬老, 敬老席, 敬語	인물	안중근	
					창작동화	아버지의 유서 1	
					고사성어	難兄難弟	
					기사문	은행나무 천국 부석사 가는길	
	12	177a~192a	복습	복습	인물	황희	
					창작동화	아버지의 유서 2	
					고사성어	四面楚歌	
					기사문	서울과 워싱턴 마음을 열 때다	
4집	13	193a~208a	物件發電書	物:古物, 文物, 人物 件:物件, 事件, 用件 發:發生, 出發, 發明, 發見 電:電力, 電子, 電車, 電氣 書:文書, 古書, 書名	인물	벤자민 프랭클린	한자 카드 쓰기보따리 형성평가
					창작동화	선행과 쾌락 1	
					고사성어	三顧草廬	
					기사문	대한민국은 배달천국	
	14	209a~224a	高低苦樂朝	高:高音, 高溫, 高貴, 高見 低:低溫, 低下, 低利, 低學年 苦:苦生, 苦心, 苦行 樂:音樂, 安樂, 樂山 朝:王朝, 朝夕, 朝會	인물	루소	
					창작동화	선행과 쾌락 2	
					고사성어	脣亡齒寒	
					기사문	중소기업 그곳에도 길이 있다	
	15	225a~240a	眞理學習賞	眞:眞情, 眞空, 眞心 理:心理, 原理, 眞理, 一理 學:學年, 學生, 入學, 見學 習:學習, 風習, 自習 賞:賞品, 孝行賞, 大賞, 賞金	인물	전봉준	
					창작동화	아가씨와 우유 1	
					고사성어	守株待兎	
					기사문	들리지! 눈 쌓은 숲 생명의 소리	
	16	241a~256a	복습	복습	인물	뢴트겐	
					창작동화	아가씨와 우유 2	
					고사성어	臥薪嘗膽	
					기사문	물건값 계산 … 악도 그리기 …	

학부모 여러분, 〈기탄한자〉는 이렇게 지도해 주세요

1. 학습자의 능력보다 낮은 단계에서 시작하세요.

기탄한자 A~G단계는 기초 한자부터 초등학교 교과서에 쓰인 한자어를 학습하는 프로그램입니다. 한글을 아는 유아에서부터 한자 학습의 경험이 있는 초등학교 6학년 학생을 대상으로 개발되었습니다. 그러나 한자 학습의 경험이 있는 아이라도, 학습자의 경험이나 능력보다 낮은 단계에서 시작하는 것이 바람직합니다. 특히 각 단계의 1집부터 순차적으로 학습해 나가는 것은 매우 중요합니다. 간혹 학부모님의 판단에 따라 단계의 생략은 가능하지만 2, 3집부터 시작하는 것은 옳지 않은 진도 진행입니다. 아이가 학습에 부담을 느끼지 않고 한자 공부는 쉽고 재미있다는 느낌을 가질 수 있도록 A단계 1집에서부터 시작하는 것이 가장 이상적인 출발점입니다.

2. 복습호는 반드시 부모님이 함께 해 주세요.

각 집(권)마다 앞서 배운 한자의 복습호가 구성되어 있습니다. 복습호에서는 항상 형성평가를 실시하여 학습 수용도를 점검합니다. 이 때 부모님이 반드시 채점을 해 주시고, 결과에 따라 적절한 칭찬과 동기유발이 필요합니다. 또 복습주마다 구성된 놀잇감(A~D단계)으로 아이와 함께 놀아 주세요.

3. 교재 구입 즉시 분책하여 사용하세요.

〈기탄한자〉는 구입 즉시 분책하여 사용할 수 있도록 매주 학습할 분량이 별도의 책으로 특수제본(4in1시스템)되어 있습니다. 보통 책은 1번 제본하는 것으로 끝나지만 〈기탄한자〉는 무려 5번의 제본 과정을 거쳐 제작되었습니다. 각 호가 끝날 때마다 새 책으로 공부하게 되므로 아이에게 성취감과 기대감을 갖게 하고 학습 효과도 극대화시켜 줍니다.

4. 매일 일정한 시간에 규칙적으로 학습하게 하세요.

하루 5~10분을 학습하더라도 규칙적으로 학습하는 것이 중요합니다. 1호 분량이 1주일(5일) 학습 분량이므로 한 번에 억지로 하지 않게 하고, 반대로 너무 많은 양을 한꺼번에 하는 것도 좋지 않습니다. 어렸을 때부터 조금씩 매일매일 공부하는 습관을 길러 주도록 합니다.

5. 부모님이 직접 지도해 주세요.

〈기탄한자〉는 교사 방문 학습지와는 달리 아이 스스로 공부하고 부모님이 체크하는 자율적인 학습 모델을 채택하고 있습니다. 따라서 타 학습지 회사에서는 지도교사에게만 제공하는 지도 지침을 해당 호에 상세히 실었습니다. 각 호의 첫 장에 실린 '이렇게 도와주세요', '이번 주 학습포인트'에서는 한 주 동안의 지도 요점이 기재되어 있고, 각 페이지의 하단에도 지도 요점, 주의 사항 등을 기재하였습니다. 학부모님들이 〈기탄한자〉의 기획의도, 학습목표, 지도방법 등을 쉽게 이해하고 아이들에게 가르치기 편하도록 최대한 배려하였습니다.

6. 이미 익힌 한자는 아이가 실생활 속에서 활용하게 하세요.

아이가 이미 익힌 한자는 실생활 속에서 최대한 많은 사용 기회를 갖게 해 줍니다. 알았던 한자도 오랫동안 사용하지 않으면 잊혀지게 됩니다. 학습된 한자를 신문, 책, 대중매체, 인쇄물 등을 활용하여 확인하게 하고 글을 쓸 때 알고 있는 한자로 표현해 볼 기회를 자주 갖도록 합니다.

단계별 학습 한자와 한자능력검정시험 급수 배정 안내

단계	학습 한자	급수 응시 가이드
A단계	• 8급 : 山, 日, 月, 火, 水, 木, 金, 土, 一, 二, 三, 四, 五, 六, 七, 八, 九, 十, 人, 大, 小, 中 • 7급 : 川, 百, 千, 口, 手, 足, 力, 上, 下 • 6급·6급Ⅱ : 目, 石　• 5급 : 耳　• 4급Ⅱ : 田, 玉	A단계에서는 상형자, 지사자 중심의 기초한자 36자를 익혔습니다. 이는 한자능력검정시험 배정한자 중 **8급, 7급 배정한자 31자**와 **상위급수 한자 5자**가 포함됩니다. 학습자의 학년, 나이, 학습수용도에 따라 **8급, 7급 이내**에서 응시용 수험서(기탄급수한자 빨리따기)로 준비한 후 자격증 취득에 도전해 보세요.
B단계	• 8급 : 父, 母, 生, 門, 王, 白, 女 • 7급 : 子, 心, 車, 自, 工, 主, 里, 草, 花, 男, 夕, 面 • 6급·6급Ⅱ : 身, 風　• 5급 : 牛, 士, 己, 魚, 雨, 馬 • 4급Ⅱ : 羊, 鳥, 竹, 齒　• 4급 : 犬, 册, 舌 • 3급Ⅱ : 刀　• 3급 : 貝	B단계에서는 상형자, 지사자 중심의 기초한자 36자를 익혔습니다. 이는 A단계 학습 한자부터 누적하면 한자능력검정시험 배정한자 중 **8급, 7급 배정한자 50자**와 **상위급수 한자 22자**가 포함됩니다. 학습자의 학년, 나이, 학습수용도에 따라 **8급, 7급 이내**에서 응시용 수험서(기탄급수한자 빨리따기)로 준비한 후 자격증 취득에 도전해 보세요.
C단계	• 8급 : 兄, 弟, 外 • 7급 : 文, 少, 出, 入, 內, 來, 立, 天, 地, 江, 食, 方, 左, 右 • 6급·6급Ⅱ : 言, 才, 交, 多, 光, 明, 行, 角, 古, 今, 衣, 向, 本, 分, 合 • 5급 : 化, 友, 去, 河, 臣, 兵, 卒, 末 • 4급Ⅱ : 血, 肉, 步, 毛, 蟲　• 4급 : 君　• 3급Ⅱ : 坐, 皮	C단계에서는 형성자, 회의자를 중심으로 48자의 기초한자를 익혔습니다. 이는 A단계 학습 한자부터 누적하면 한자능력검정시험 배정한자 중 **7급 배정한자 67자, 6급·6급Ⅱ 배정한자 86자**와 **상위급수 한자 34자**를 익혔습니다. 학습자의 학년, 나이, 학습수용도에 따라 **7급, 6급·6급Ⅱ 이내**에서 응시용 수험서(기탄급수한자 빨리따기)로 준비한 후 자격증 취득에 도전해 보세요.
D단계	• 8급 : 靑, 長, 國, 東, 西, 南, 北 • 7급 : 色, 住, 所, 姓, 名, 有, 平, 老, 正, 直, 孝, 前, 後, 道, 全, 世, 家 • 6급·6급Ⅱ : 音, 利, 用, 公, 意, 弱, 短, 界, 聞, 童 • 5급 : 赤, 無, 思, 止, 法, 完, 善, 惡, 見, 兒 • 4급Ⅱ : 貧, 富, 忠, 走	D단계에서는 형성자, 회의자를 중심으로 48자의 기초한자를 익혔습니다. 이는 A단계 학습 한자부터 누적하면 한자능력검정시험 배정한자 중 **7급 배정한자 91자, 6급·6급Ⅱ 배정한자 120자**와 **상위급수 한자 48자**를 익혔습니다. 학습자의 학년, 나이, 학습수용도에 따라 **7급, 6급·6급Ⅱ 이내**에서 응시용 수험서(기탄급수한자 빨리따기)로 준비한 후 자격증 취득에 도전해 보세요.
E단계	• 8급 : 寸, 民, 先, 年, 軍　• 7급 : 市, 同, 不, 字, 命, 祖 • 6급·6급Ⅱ : 京, 各, 由, 失, 反, 共, 幸, 表, 形, 和, 別, 章 • 5급 : 品, 具, 曲, 可, 原, 因, 告, 首, 元, 必, 知, 加, 相, 再 • 4급Ⅱ : 求, 回, 非, 未, 味, 香, 星, 單　• 4급 : 巨, 居, 異	E단계에서는 형성자, 회의자를 중심으로 48자의 필수한자를 익혔습니다. 이는 A단계 학습 한자부터 누적하면 한자능력검정시험 배정한자 중 **7급 배정한자 102자, 6급·6급Ⅱ 배정한자 143자**와 **상위급수 한자 73자**를 익혔습니다. 학습자의 학년, 나이, 학습수용도에 따라 **6급·6급Ⅱ, 5급 이내**에서 응시용 수험서(기탄급수한자 빨리따기)로 준비한 후 자격증 취득에 도전해 보세요.
F단계	• 8급 : 室, 校　• 7급 : 休, 安, 海, 林, 村, 洞, 便, 記, 語 • 6급·6급Ⅱ : 信, 洋, 定, 注, 作, 使, 代, 感, 計, 始, 雪 • 5급 : 仙, 宅, 漁, 洗, 他, 位, 客, 材, 決, 流, 念, 情, 性, 雲 • 4급Ⅱ : 官, 容, 俗, 保, 守, 志, 想, 詩, 進, 造, 好 • 4급 : 仁	F단계에서는 형성자, 회의자를 중심으로 48자의 필수한자를 익혔습니다. 이는 A단계 학습 한자부터 누적하면 한자능력검정시험 배정한자 중 **7급 배정한자 113자, 6급·6급Ⅱ 배정한자 165자**와 **상위급수 한자 99자**를 익혔습니다. 학습자의 학년, 나이, 학습수용도에 따라 **6급·6급Ⅱ, 5급 이내**에서 응시용 수험서(기탄급수한자 빨리따기)로 준비한 후 자격증 취득에 도전해 보세요.
G단계	• 8급 : 學 • 7급 : 夫, 重, 活, 動, 時, 間, 空, 氣, 事, 問, 答, 登, 場, 春, 夏, 秋, 冬, 物, 電 • 6급·6급Ⅱ : 果, 美, 夜, 成, 功, 者, 集, 現, 在, 社, 會, 部, 省, 溫, 愛, 病, 死, 發, 書, 高, 苦, 樂, 朝, 理, 習 • 5급 : 實, 要, 景, 商, 技, 能, 貴, 敬, 件, 賞 • 4급Ⅱ : 婦, 得, 協, 低, 眞	G단계에서는 형성자, 회의자를 중심으로 60자의 필수한자를 익혔습니다. 이는 A단계 학습 한자부터 누적하면 한자능력검정시험 배정한자 중 **7급 배정한자 133자, 6급·6급Ⅱ 배정한자 210자**와 **상위급수 한자 114자**를 익혔습니다. 학습자의 학년, 나이, 학습수용도에 따라 **6급·6급Ⅱ, 5급 이내**에서 응시용 수험서(기탄급수한자 빨리따기)로 준비한 후 자격증 취득에 도전해 보세요.

※ 이 표는 기탄한자 학습 후 한자능력검정시험 자격증 취득의 연계를 위한 지침입니다. 학습자의 학습경험이나 상태에 따라 개별적인 지침이 달라질 수 있습니다.

9호

기탄한자 B단계 3집 97a~108a

4 in 1 시스템

기탄한자는 학습효과를 극대화하기 위해 매주 학습할 분량이 별도의 책으로 특수제본되어 있습니다.

본 교재는 1권의 책 속에 1주일 학습할 분량의 교재 4권이 들어 있는 4 in 1 시스템으로 제본되어 있습니다. 따라서 4권의 책으로 분리되는 것이 정상적인 제본이며, 호별로 빼내어 학습하시면 아주 효과적입니다.

그림으로 익히고 놀이로 기억하는 입체 한자 학습 프로그램

기탄®한자

B3집
9호
97a-108a

공부한 날   월   일 ~   월   일
(원)교   반
이름   전화

www.gitan.co.kr

 **B단계**에서 배울 한자입니다.

	B단계						
1집	犬, 牛, 羊	2집	車, 土, 己	3집	魚, 貝, 鳥	4집	草, 花, 馬
	父, 母, 子		自, 工, 門		主, 册, 雨		男, 女, 夕
	生, 心, 身		刀, 王, 白		風, 里, 竹		舌, 齒, 面
	복습		복습		복습		복습

※ 매주마다 학습한 한자를 누적하여 읽어 보세요.

학습진단 관리표

		훈음 읽기	훈음 쓰기	한자 쓰기	한자어 읽기	이번 주는?		
금주평가		Ⓐ 아주 잘함	Ⓐ 아주 잘함	Ⓐ 아주 잘함	Ⓐ 아주 잘함	● 학습방법	❶ 매일매일 ❷ 가끔 ❸ 한꺼번에 하였습니다.	
		Ⓑ 잘함	Ⓑ 잘함	Ⓑ 잘함	Ⓑ 잘함	● 학습태도	❶ 스스로 잘 ❷ 시켜서 억지로 하였습니다.	
		Ⓒ 보통	Ⓒ 보통	Ⓒ 보통	Ⓒ 보통	● 학습흥미	❶ 재미있게 ❷ 싫증내며 하였습니다.	
		Ⓓ 노력해야 함	Ⓓ 노력해야 함	Ⓓ 노력해야 함	Ⓓ 노력해야 함	● 교재내용	❶ 적합하다고 ❷ 어렵다고 ❸ 쉽다고 하였습니다.	

지도 교사가 부모님께   부모님이 지도 교사께

종합평가	Ⓐ 아주 잘함	Ⓑ 잘함	Ⓒ 보통	Ⓓ 노력해야 함

B3집
97a-108a

이번 주에는 魚 (물고기 어), 貝 (조개 패), 鳥 (새 조)를 배워요.

이렇게 **도와** 주세요

1 일차	97a~98b	• 지난 호에서 학습한 刀, 王, 白을 복습합니다. • 동화를 읽고 魚, 貝, 鳥의 뜻을 이야기해 봅니다. • 한자 카드나 받아쓰기로 앞서 익힌 한자를 복습합니다.
2 일차	99a~101b	• 魚, 貝, 鳥 모두 사물의 모양을 본떠 만든 상형자임을 설명합니다. • 물고기의 비늘(魚), 조개의 무늬(貝), 새의 겉모습(鳥)등으로 한자의 모양을 기억하게 합니다.
3 일차	102a~103b	• 魚, 貝, 鳥로 이루어진 한자어를 생활 속에서 찾아 봅니다. • 貝와 鳥는 모양이 비슷한 한자의 구별에 유의합니다. 　貝(조개 패), 目(눈 목), 頁(머리 혈) / 鳥(새 조), 烏(까마귀 오)
4 일차	104a~105b	• 다양한 활동을 통하여 3요소를 익히도록 합니다. • 아이가 문항 풀이와 더불어 그림 감상에도 관심을 갖도록 지도합니다.
5 일차	106a~108a	• 魚, 貝, 鳥 학습을 마무리하고, 한자 보따리와 재미로 놀기를 통하여 흥미를 느끼게 지도합니다. • 한자 카드는 고리에 끼워서 모아 두고 매일 잠깐씩 보여 줍니다.

다시보기

✏️ 그림 한자의 뜻과 소리를 쓰세요.

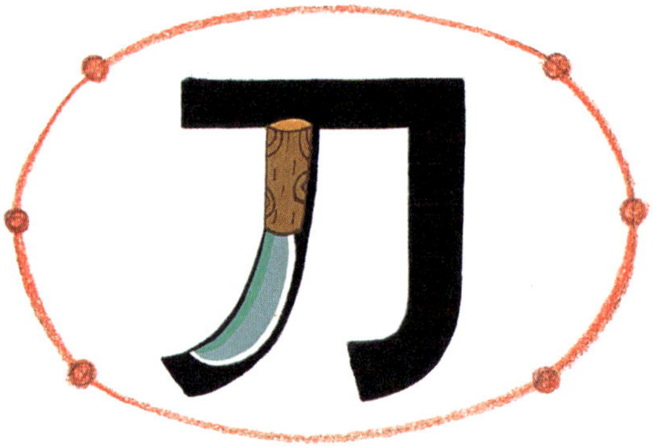

刀

뜻: 칼   소리: 도

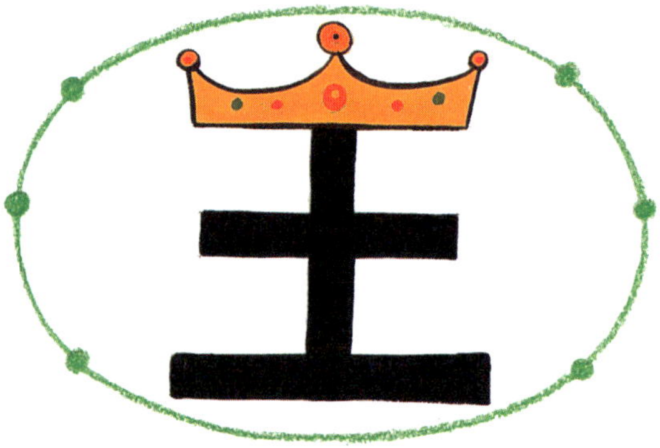

主

뜻: 소리:

白

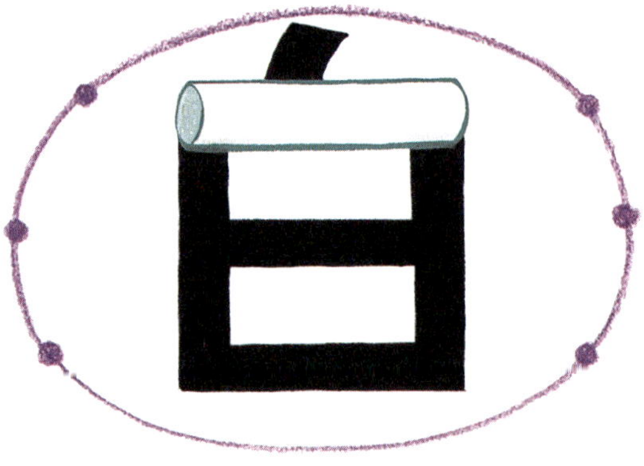

뜻: 소리:

• 그림 한자에서 칼, 왕관, 백묵의 요소를 먼저 찾아보게 합니다.

어떤 한자를 배울까요? 동화를 읽고 스티커를 붙여 알아보세요.

조개와 도요새

어느 날 **조개(貝)** 한 마리가
햇볕을 쬐고 있었어요.
이 때 **도요새(鳥)** 한 마리가
날아와 뾰족한 부리로 조갯살을 쪼았어요.
깜짝 놀란 조개는 화가 나서 조가비를 닫고
도요새 부리를 놓아주지 않았어요.

• 어부지리(漁父之利)의 고사를 동화화한 이야기를 통해 이번 주 학습 한자에 흥미를 갖습니다.

"이대로 비가 오지 않으면 너는 말라 죽을 거야."
"내가 놓아주지 않으면 너야말로 굶어 죽을걸."
이 때 **물고기(魚)**를 잡으러 가던 어부가 이 모습을 보고 말했어요.
"오늘은 운이 좋네. 한꺼번에 조개와 도요새를 잡을 수 있겠군······."
조개와 도요새는 둘 다 잡혀 버리고 말았어요.

🔊 빈 곳에 알맞은 스티커를 붙이고 한자의 뜻과 소리를 읽어 보세요.

뜻 : 물고기   소리 : 어

📝 魚가 만들어진 유래를 알아보고 한자 스티커를 붙이세요.

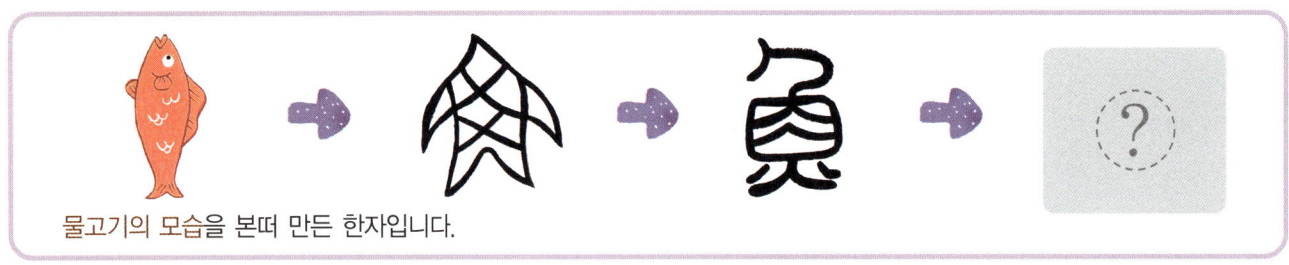

물고기의 모습을 본떠 만든 한자입니다.

✏️ 순서대로 써 보세요.

● 한자 魚의 모양과 물고기의 모양을 연관시켜 기억합니다.

📝 魚의 뜻, 소리, 모양을 쓰세요.

- 魚의 뜻은 _____물고기_____ 입니다.
- 魚의 소리는 _____어_____ 입니다.
- 물고기 어의 모양은 _____魚_____ 입니다.

📋 ? 에 스티커를 붙이고 魚가 쓰인 한자어를 익혀 보세요.

인 ? : 허리 위는 사람의 몸과 같고, 허리 아래는 물고기와 같다는 상상의 동물

? 항 : 물고기를 기르는데 쓰이는 유리 항아리

✏️ 필순에 맞게 魚를 써 보세요.

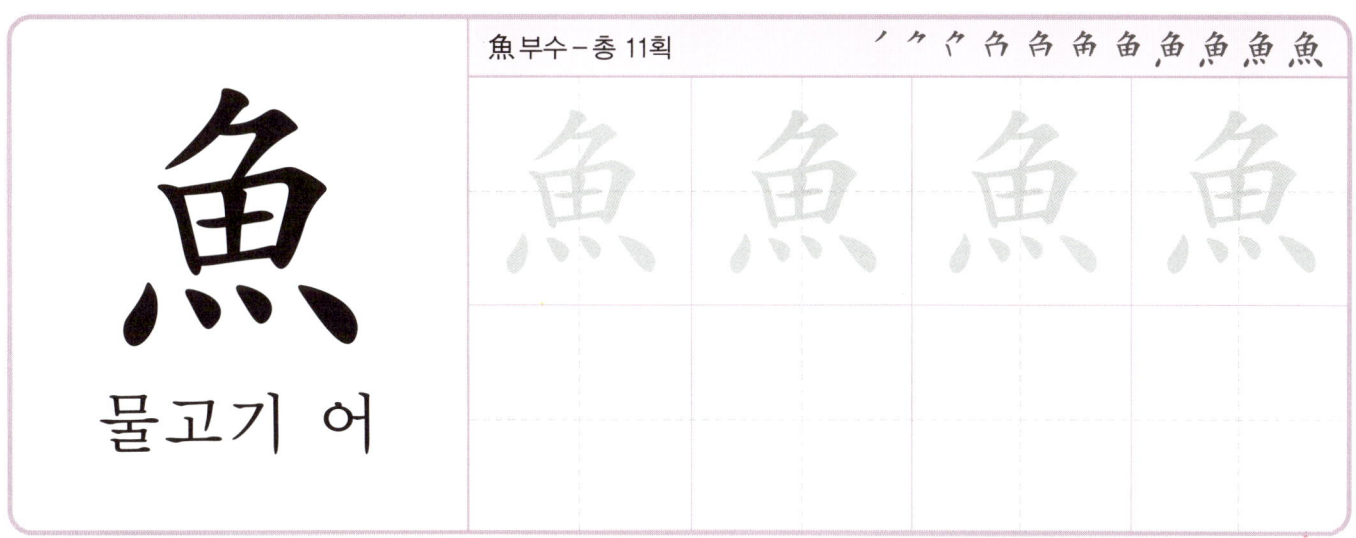

魚 부수 – 총 11획

魚
물고기 어

- 모양이 비슷한 漁는 '고기잡다'를 뜻하고 '어'로 소리납니다.

 貝 알아보기

🔊 빈 곳에 알맞은 스티커를 붙이고 한자의 뜻과 소리를 읽어 보세요.

뜻 : **조개**   소리 : **패**

📖 貝가 만들어진 유래를 알아보고 한자 스티커를 붙이세요.

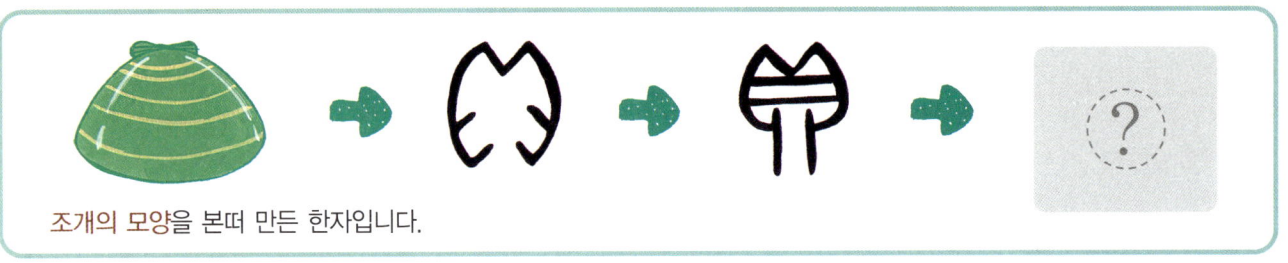

조개의 모양을 본떠 만든 한자입니다.

✏️ 순서대로 써 보세요.

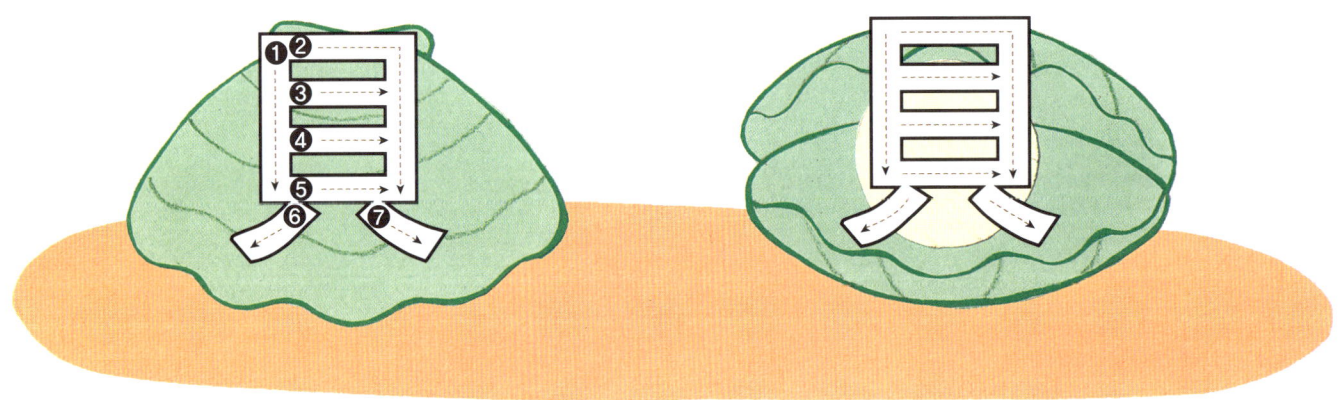

• 고대에는 조개를 화폐로 사용하였기에 貝가 들어 있는 한자는 재물이나 부(富)와 관련 있습니다.

📝 貝의 뜻, 소리, 모양을 쓰세요.

- 貝의 뜻은 _____ 입니다.
- 貝의 소리는 _____ 입니다.
- 조개 패의 모양은 _____ 입니다.

📄 ❓에 스티커를 붙이고 貝가 쓰인 한자어를 익혀 보세요.

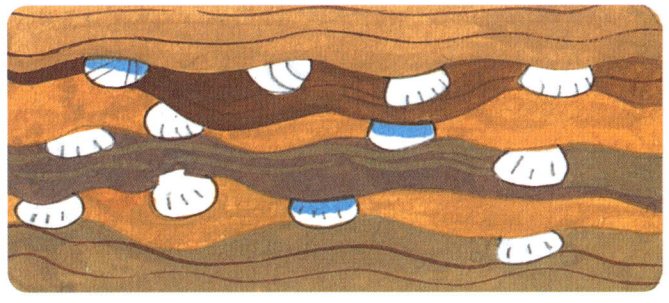

❓ 물 : 산호나 호박, 수정 따위로 만든 물건

❓ 총 : 고대인이 조개를 까먹고 버린 조가비가 무덤처럼 쌓여 있는 것

📝 필순에 맞게 貝를 써 보세요.

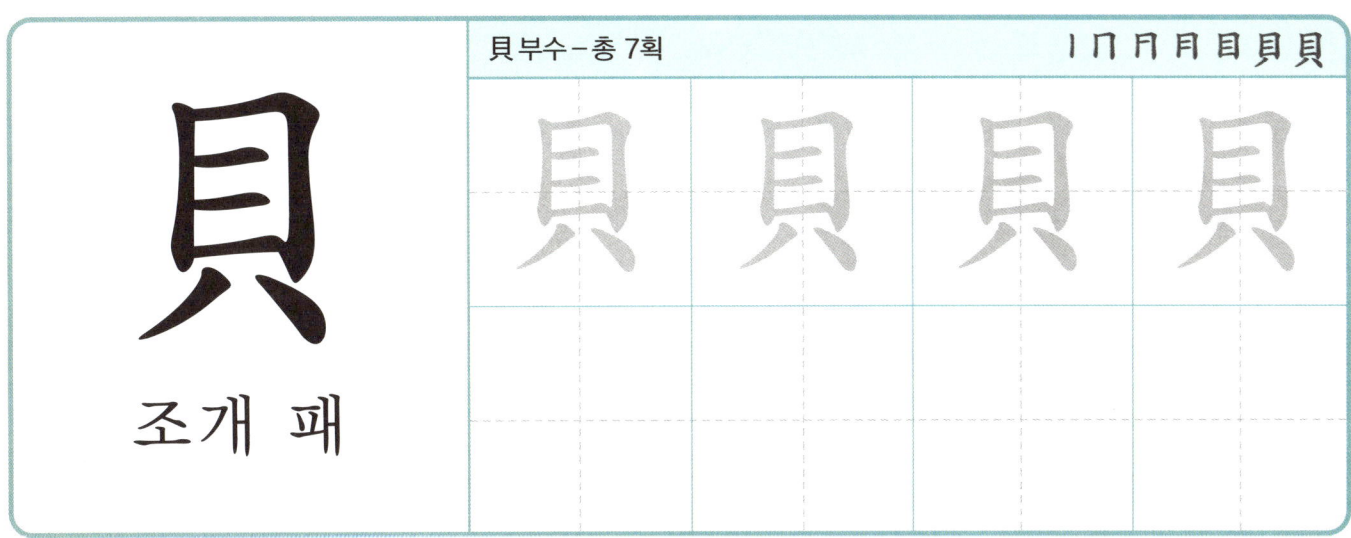

貝 조개 패

貝부수 – 총 7획   ｜ 冂 冂 冃 目 貝 貝

- 貝는 目(눈 목)과 구별하도록 합니다.

鳥 알아보기

🔊 빈 곳에 알맞은 스티커를 붙이고 한자의 뜻과 소리를 읽어 보세요.

뜻 : 새   소리 : 조

📝 鳥가 만들어진 유래를 알아보고 한자 스티커를 붙이세요.

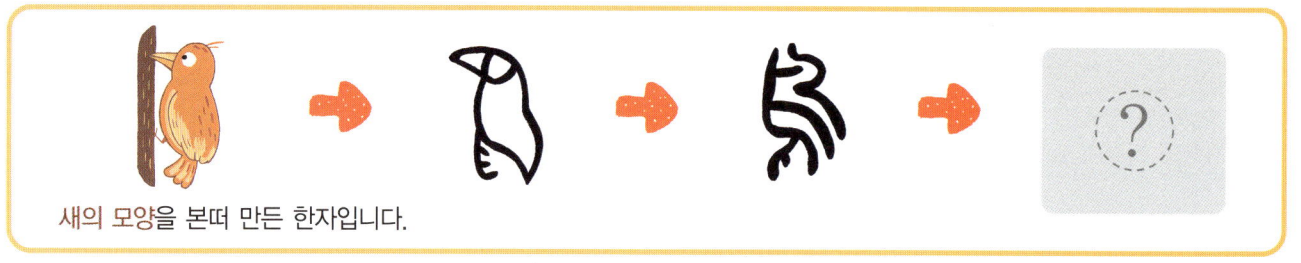

새의 모양을 본떠 만든 한자입니다.

✏️ 순서대로 써 보세요.

• 모양이 비슷한 한자로 烏(까마귀 오)가 있습니다.

🖊 鳥의 뜻, 소리, 모양을 쓰세요.

- 鳥의 뜻은 _____ 입니다.
- 鳥의 소리는 _____ 입니다.
- 새 조의 모양은 _____ 입니다.

📄 ❓에 스티커를 붙이고 鳥가 쓰인 한자어를 익혀 보세요.

백 ❓ : 오릿과의 물새, 고니

길 ❓ : 사람에게 어떤 길한 일이 생김을 미리 알려 준다는 새

✏️ 필순에 맞게 鳥를 써 보세요.

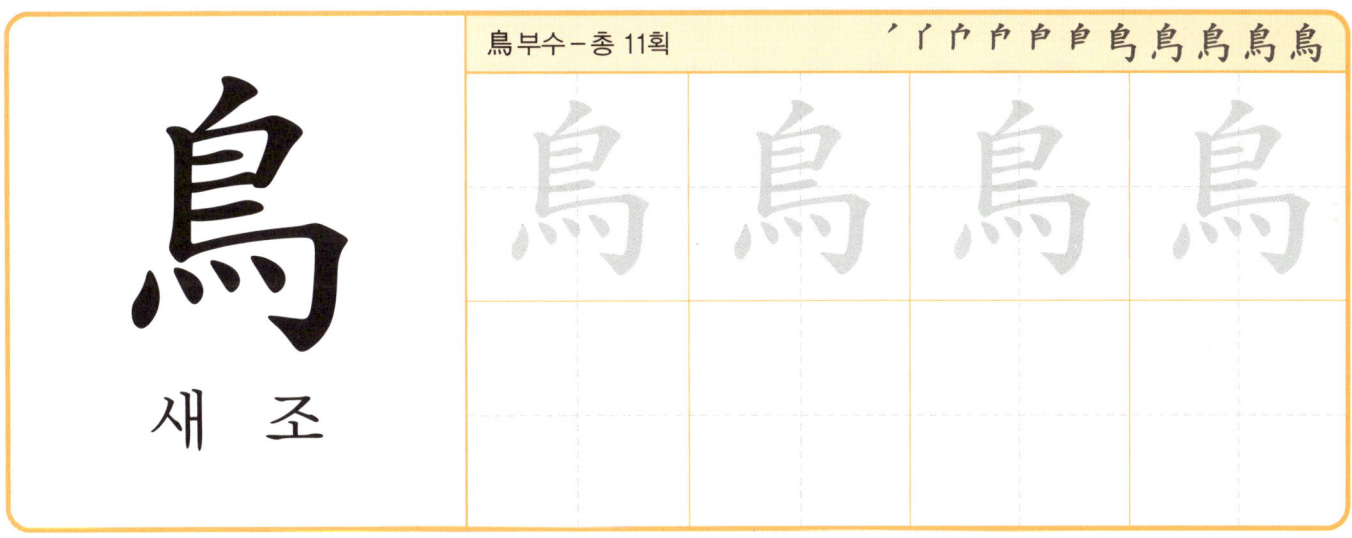

鳥
새 조

鳥부수 – 총 11획

- 鳥로 만들 수 있는 다른 한자어도 이야기해 보도록 합니다. (예 : 익조, 조류 …)

다지기

✏️ 같은 한자끼리 연결하고, 뜻과 소리를 쓰세요.

魚　羊　鳥　犬　貝

魚	貝	鳥
물고기 어		

한자의 뜻과 소리를 바르게 찾아가세요.

같은 색의 점끼리 이어 보고 뜻과 소리를 쓰세요.

뜻 :　　　소리 :

뜻 :　　　소리 :

• 같은 색의 점을 연결하여 한자의 모양을 만들면서 흥미와 추리력을 기릅니다.

한자의 뜻과 소리를 찾아 알맞은 것에 ○하세요.

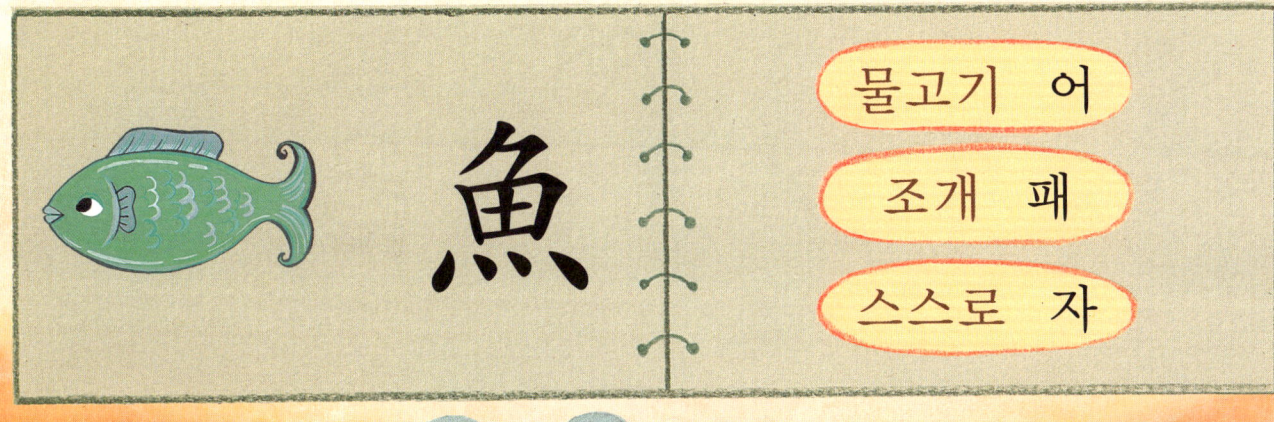

- 모양이 비슷한 한자에 유의합니다. 예: 貝(조개 패), 目(눈 목), 自(스스로 자) / 魚(물고기 어), 漁(고기잡을 어) / 鳥(새 조), 烏(까마귀 오)

📗 빈 칸에 알맞은 한자를 쓰세요.

● 魚, 貝, 鳥 모두 상형 문자이므로 자원 변화 과정을 이해하면 쉽습니다.

📎 그림 속에 있는 한자를 모두 찾아 ◯하고, 빈 칸에 알맞게 쓰세요.

물고기 어	조개 패	새 조
魚		

같은 한자를 따라가 뜻과 소리를 쓰세요.

뜻: 물고기 소리: 어

뜻: 소리:

뜻: 소리:

빈 칸에 한자, 뜻, 소리를 알맞게 쓰세요.

• 한자 ➡ 뜻 ➡ 소리의 규칙성을 먼저 찾도록 합니다.

 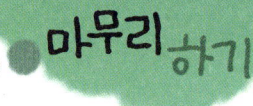  

빈 칸에 뜻과 소리를 쓰고 필순에 맞게 한자를 쓰세요.

魚	魚				
뜻: 물고기 소리: 어	ノ ク タ 各 刍 角 角 魚 魚 魚 魚				
貝	貝				
뜻: 소리:	丨 冂 冃 貝 目 貝 貝				
鳥	鳥				
뜻: 소리:	ノ 亻 丆 户 自 鳥 鳥 鳥 鳥 鳥				

📝 뜻과 소리에 알맞은 한자를 쓰세요.

• 제시된 한자가 없어도 뜻과 소리를 보고 한자를 쓸 수 있도록 연습합니다.

한자의 가나다라
천자문(千字文)

한글을 공부할 때 "가나다라마바사~" 하고 음을 붙여서 외워 본적이 있죠?
한글의 가나다라 노래처럼 한자를 공부할 때 "하늘 천, 따 지, 검을 현, 누를 황~" 하고
가장 기본적으로 공부하던 것이 바로 천자문(千字文)입니다.
여러분의 아버지나 할아버지 세대에는
한자 공부를 시작할 때 대부분 천자문으로 배우곤 했습니다.

천자문은 다른 이름으로 **백수문**(白首文)이라고 합니다.
이런 이름이 붙여진 유래가 전해 내려옵니다.
천자문은 중국 양(梁)나라 때 무제(武帝)라는 임금이 왕자들에게 글을 가르치려고
이름난 서예가인 왕희지의 글씨집에서 1,000자를 뽑았습니다.
어느 날 당시의 문장이 뛰어났던 시인(詩人)인 주흥사(周興嗣)는 무제의 미움을 사게 되었습니다.
그러자 무제는 주흥사에게 하룻밤 사이에 1,000자의 한자를 시(詩)로
이루어내라고 명령을 하였습니다.
주흥사는 하룻밤 사이에
우주 만물의 이치와 인간의 도리 등을 담은 4자로 이루어진 250수의 시를 지었습니다.
이 때 얼마나 고심을 하였던지 하룻밤 사이에 주흥사의 머리가 하얗게 변해 버렸습니다.
머리가 (首 : 머리 수) 하얗게 (白 : 흰 백) 세어버렸다고 해서
백수문(白首文)이라고도 말합니다.

97a

97b

98a

98b

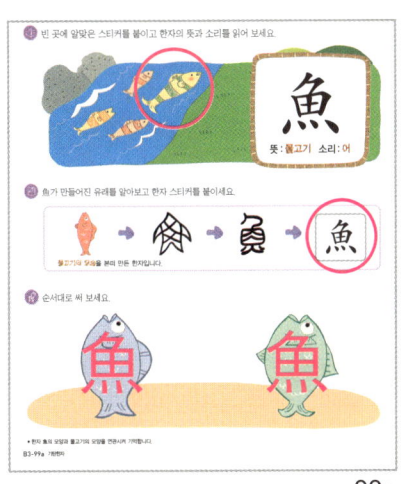
99a

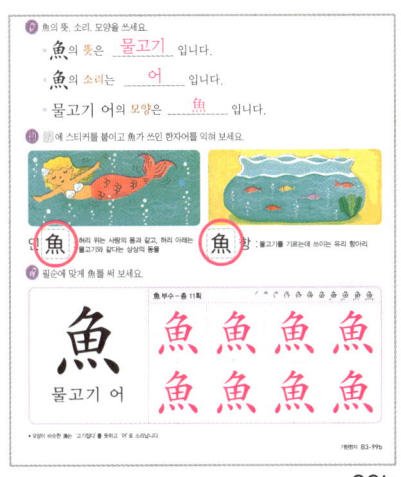
99b

100a

100b

101a

101b

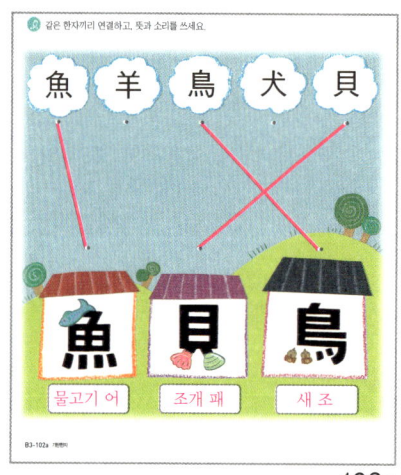
102a

102b

103a

103b

104a

104b

105a

105b

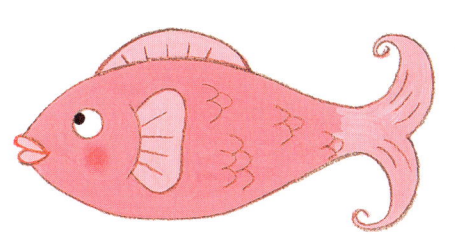
魚

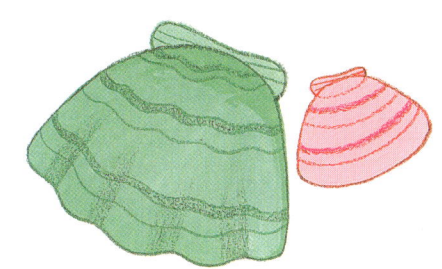
貝

鳥

魚
貝
鳥

기탄한자 B3집 9호 한자 카드

貝
조개 패

기탄한자 B3집 9호

魚
물고기 어

기탄한자 B3집 9호

魚
貝
鳥

물고기 어

조개 패

새 조

기탄한자 B3집 9호

鳥
새 조

기탄한자 B3집 9호

人魚

貝物

吉鳥

 人魚

 貝物

 吉鳥

패물

산호나 호박, 수정
따위로 만든 물건

貝:조개 패　物:물건 물

인어

허리 위는 사람의 몸과 같고,
허리 아래는 물고기와 같다는
상상의 동물

人:사람 인　魚:물고기 어

 인어

 패물

 길조

길조

사람에게 어떤 길한 일이
생김을 미리
알려 준다는 새

吉:길할 길　鳥:새 조

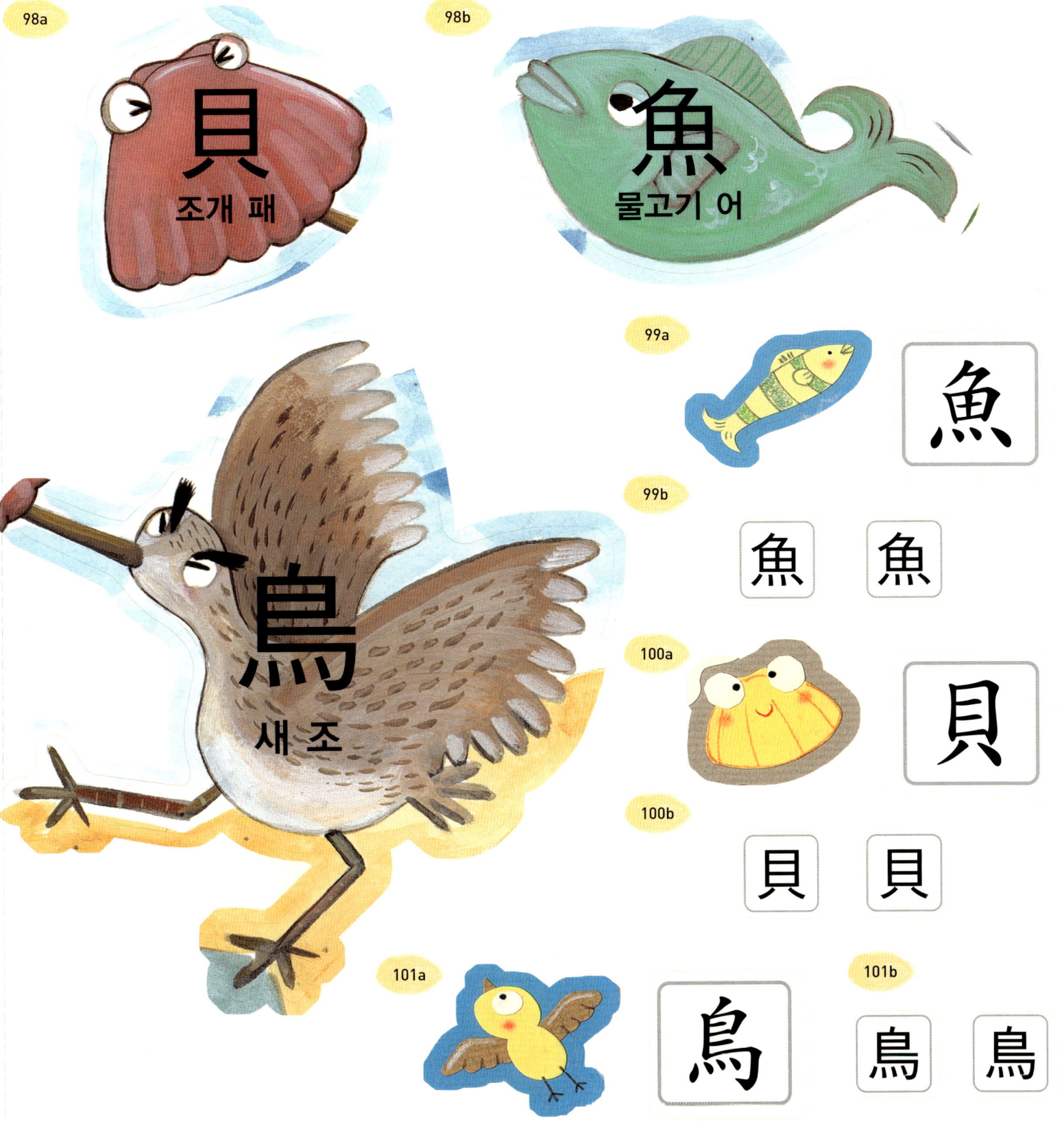

 재미로 놀기

고래와 조개 그림을 붙여 입체 동화를 만들어 보세요.

고래와 조개 뱃속에
무엇이 있을까요?
피노키오는 어질어질!
꽃게는 숨을 헐떡헐떡!

• 뒷장에 있는 활동 창고의 그림을 오려 놀아 보세요.

펴낸이 : 정지향
펴낸곳 : (주)기탄교육
기획·편집·디자인 : 기탄교육연구소
주소 : 06698 서울특별시 서초구 효령로 40 기탄출판센터
등록 : 제2000-000098호
전화 : (02) 586-1007
팩스 : (02) 586-2337

※ 서점에 갈 시간이 없거나 구하기 어려운 분은 인터넷 또는 전화로 신청하세요. 즉시 우송해 드립니다.
● www.gitan.co.kr

ⓒ (주)기탄교육 All rights reserved.
저작권자의 동의 없이 본 교재를 무단으로 복제하거나 전재하는 것을 금합니다.

활동 창고

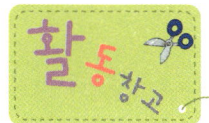

• 고래와 조개를 오려 입체 동화를 만들어 보세요.

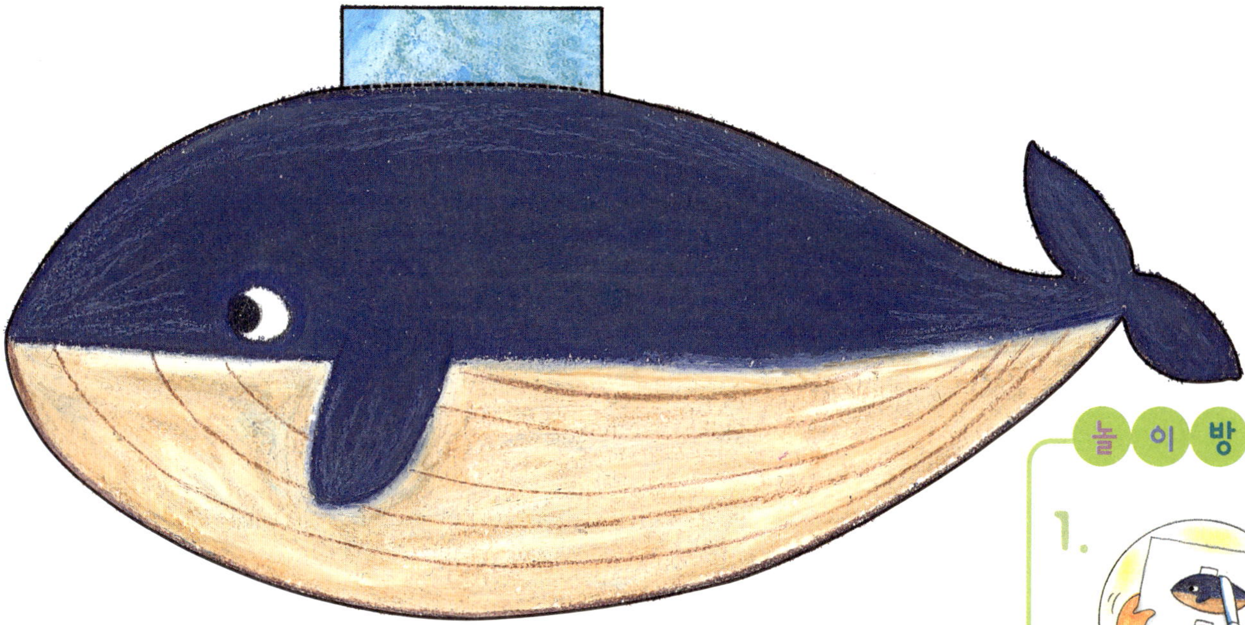

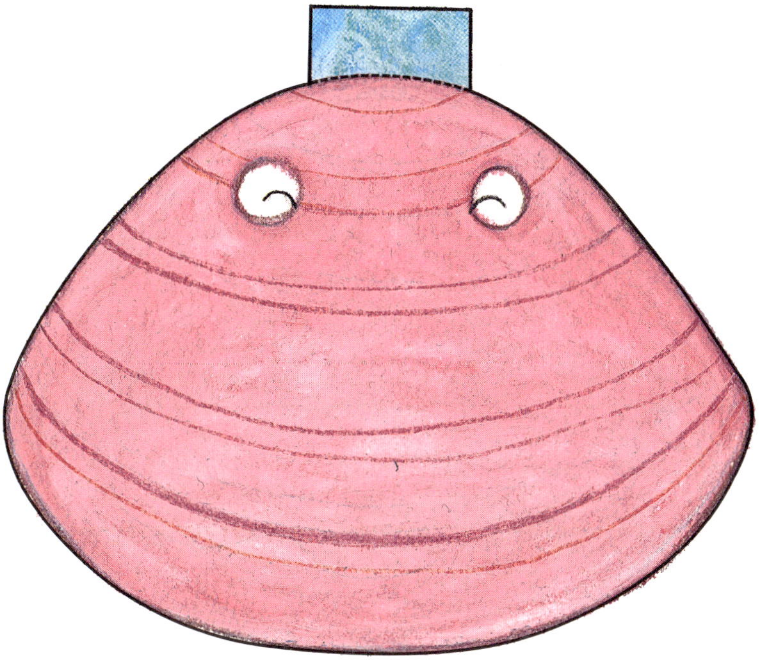

놀이 방법

1.

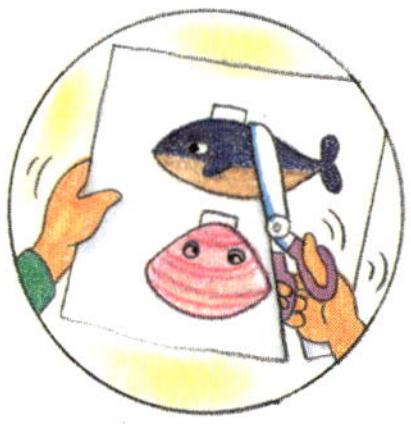

활동 창고의 그림을 가위로 오려요.

2.

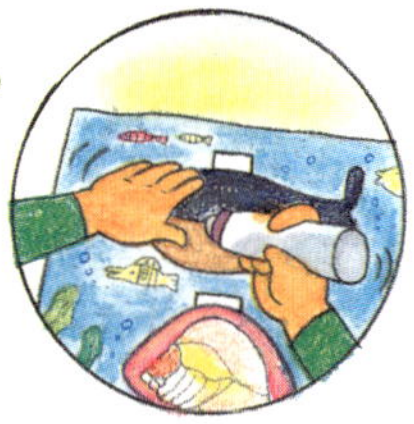

오린 그림을 고래와 조개에 풀칠해 붙이세요.

3.

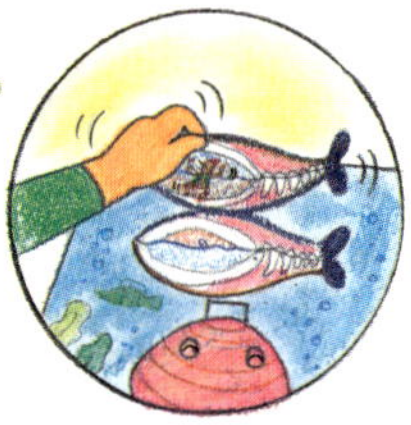

고래와 조개를 움직이며 놀아요.

• 선을 따라 오려 B3-9호 재미로 놀기에 활용하세요.

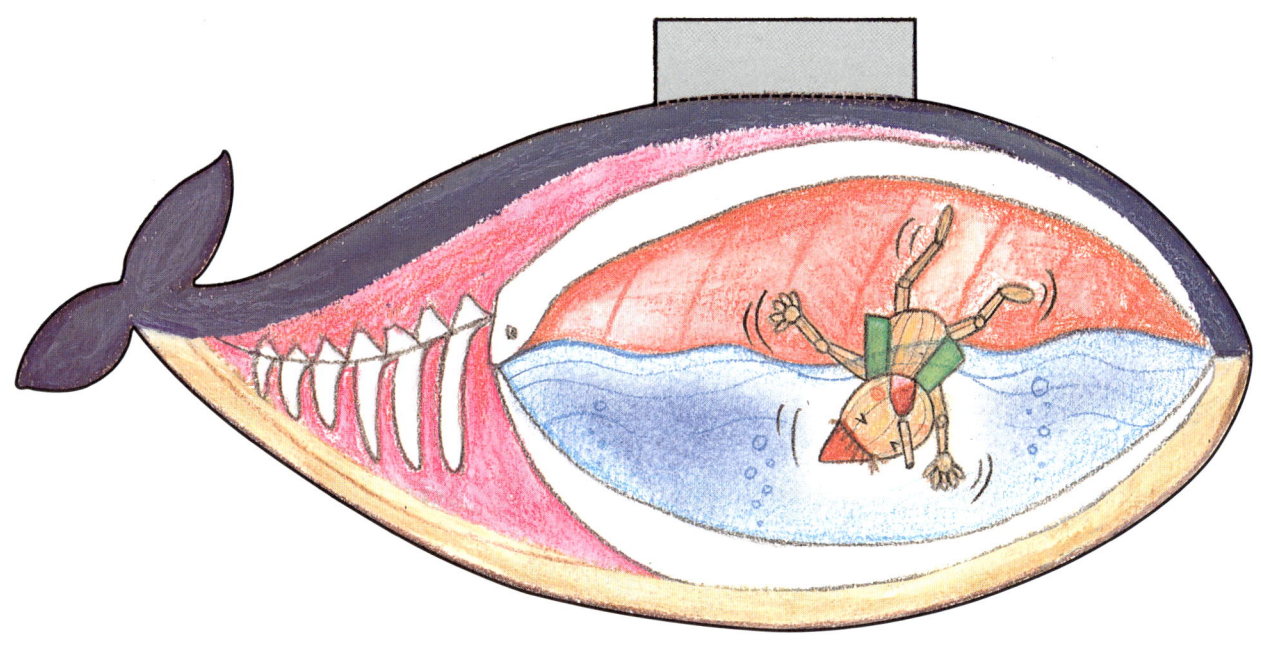

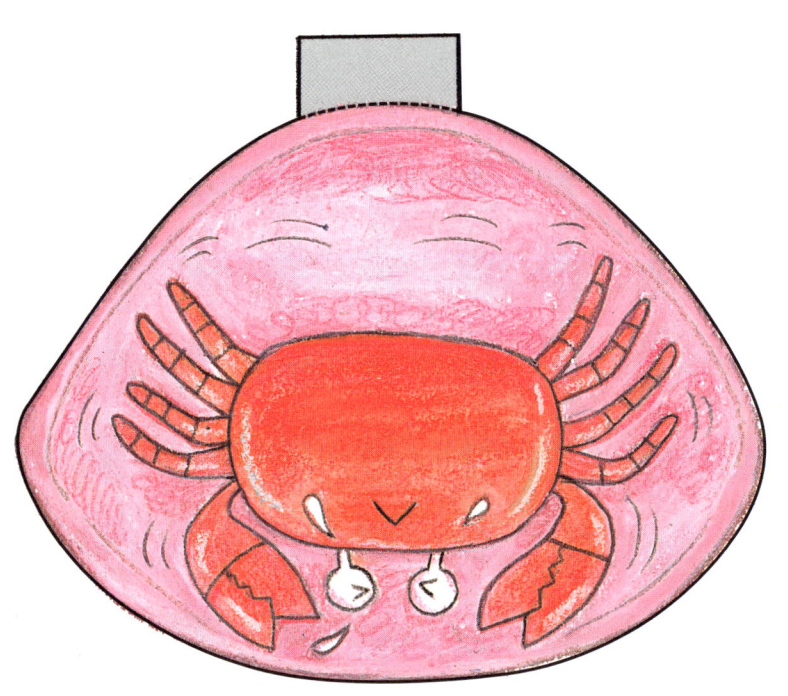

———— 오리는 선
▓▓▓▓ 풀칠하는 곳

B3집

109a-120a

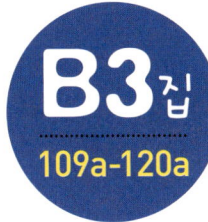

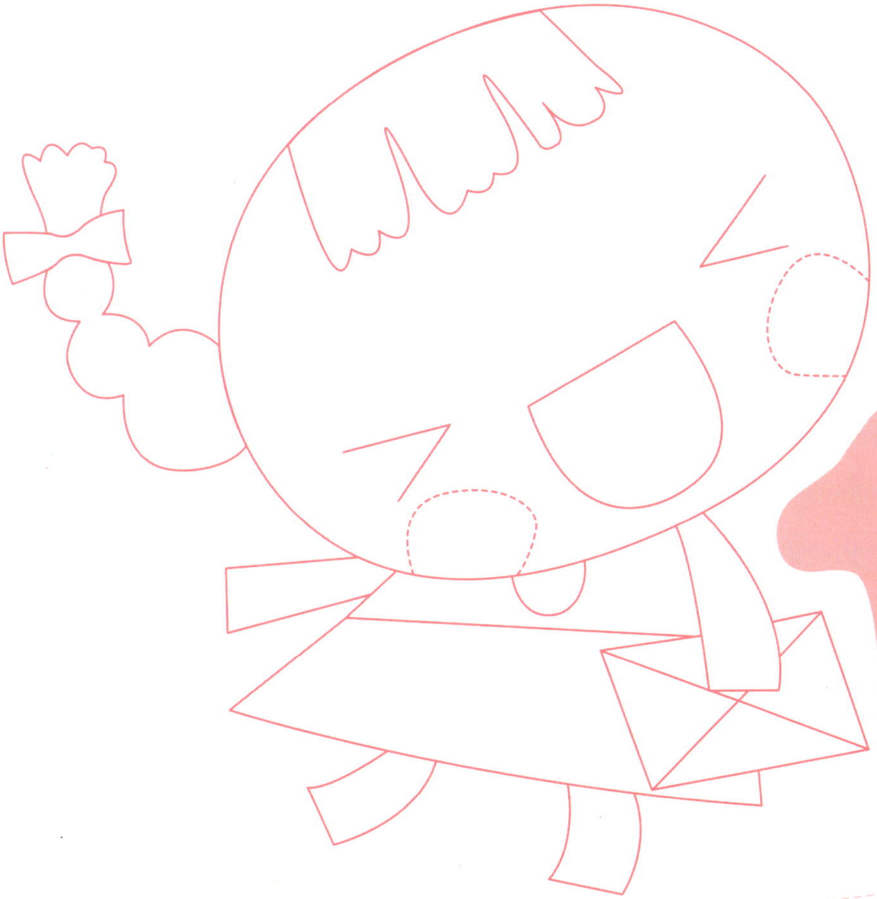

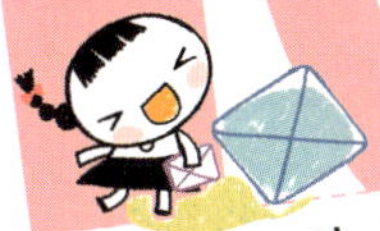

10호

기탄한자 B단계 3집 109a~120a

그림으로 익히고 놀이로 기억하는 입체 한자 학습 프로그램

기탄®한자

B3집
10호
109a-120a

공부한 날   월   일 ~   월   일
           (원)교   반
이름   전화

www.gitan.co.kr

기초 탄탄한 교육 · 기초 탄탄한 학습
기탄교육

 # B단계에서 배울 한자입니다.

	B단계						
1집	犬, 牛, 羊	2집	車, 士, 己	3집	魚, 貝, 鳥	4집	草, 花, 馬
	父, 母, 子		自, 工, 門		主, 册, 雨		男, 女, 夕
	生, 心, 身		刀, 王, 白		風, 里, 竹		舌, 齒, 面
	복습		복습		복습		복습

※ 매주마다 학습한 한자를 누적하여 읽어 보세요.

학습진단 관리표

	훈음 읽기	훈음 쓰기	한자 쓰기	한자어 읽기	이번 주는?		
금주평가	Ⓐ 아주 잘함	Ⓐ 아주 잘함	Ⓐ 아주 잘함	Ⓐ 아주 잘함	●학습방법	❶ 매일매일	❷ 가끔 ❸ 한꺼번에 하였습니다.
	Ⓑ 잘함	Ⓑ 잘함	Ⓑ 잘함	Ⓑ 잘함	●학습태도	❶ 스스로 잘	❷ 시켜서 억지로 하였습니다.
	Ⓒ 보통	Ⓒ 보통	Ⓒ 보통	Ⓒ 보통	●학습흥미	❶ 재미있게	❷ 싫증내며 하였습니다.
	Ⓓ 노력해야 함	Ⓓ 노력해야 함	Ⓓ 노력해야 함	Ⓓ 노력해야 함	●교재내용	❶ 적합하다고	❷ 어렵다고 ❸ 쉽다고 하였습니다.

지도 교사가 부모님께   부모님이 지도 교사께

| 종합평가 | Ⓐ 아주 잘함 | Ⓑ 잘함 | Ⓒ 보통 | Ⓓ 노력해야 함 |

B3집
109a-120a

이번 주에는 主 (주인 주), 冊 (책 책), 雨 (비 우)를 배워요.

이렇게 도와 주세요

1일차 109a~110b
- 지난 호에서 학습한 魚, 貝, 鳥를 복습합니다.
- 동화를 읽고 主, 冊, 雨의 뜻을 이야기해 봅니다.
- 한자 카드나 받아쓰기로 앞서 배운 한자를 복습합니다.

2일차 111a~113b
- '책 책'의 모양은 冊과  두 가지 모두 통용됩니다.
- 主는 王(임금 왕), 玉(구슬 옥)과 모양 구별에 유의합니다.

3일차 114a~115b
- 115a에서는 같은 색의 점을 연결한 뒤 필순에 맞게 다시 따라 써 보도록 합니다.

4일차 116a~117b
- 단순히 한자를 쓰고 외우게하지 말고 기억할 수 있는 요소로 각인시켜 줍니다.
  (예: 主-촛불 모양, 冊-대나무를 엮은 책의 모양, 雨-빗방울 모양)

5일차 118a~120a
- 主, 冊, 雨 학습을 마무리하고, 한자 보따리와 재미로 놀기를 통하여 흥미를 느끼게 지도합니다.
- 한자 카드는 고리에 끼워서 모아 두고 매일 잠깐씩 보여 줍니다.

다시 보기

✏️ 그림 한자의 뜻과 소리를 쓰세요.

뜻:　　소리:

뜻:　　소리:

뜻:　　소리:

● 지난 주에 공부한 魚, 貝, 鳥의 그림 한자를 보고 뜻, 소리를 기억합니다.

알맞은 한자를 찾아 ○ 하세요.

貝　自　五

犬　鳥　身

手　生　魚

犬　牛　羊

어떤 한자를 배울까요? 동화를 읽고 스티커를 붙여 알아보세요.

친구야, 미안해!

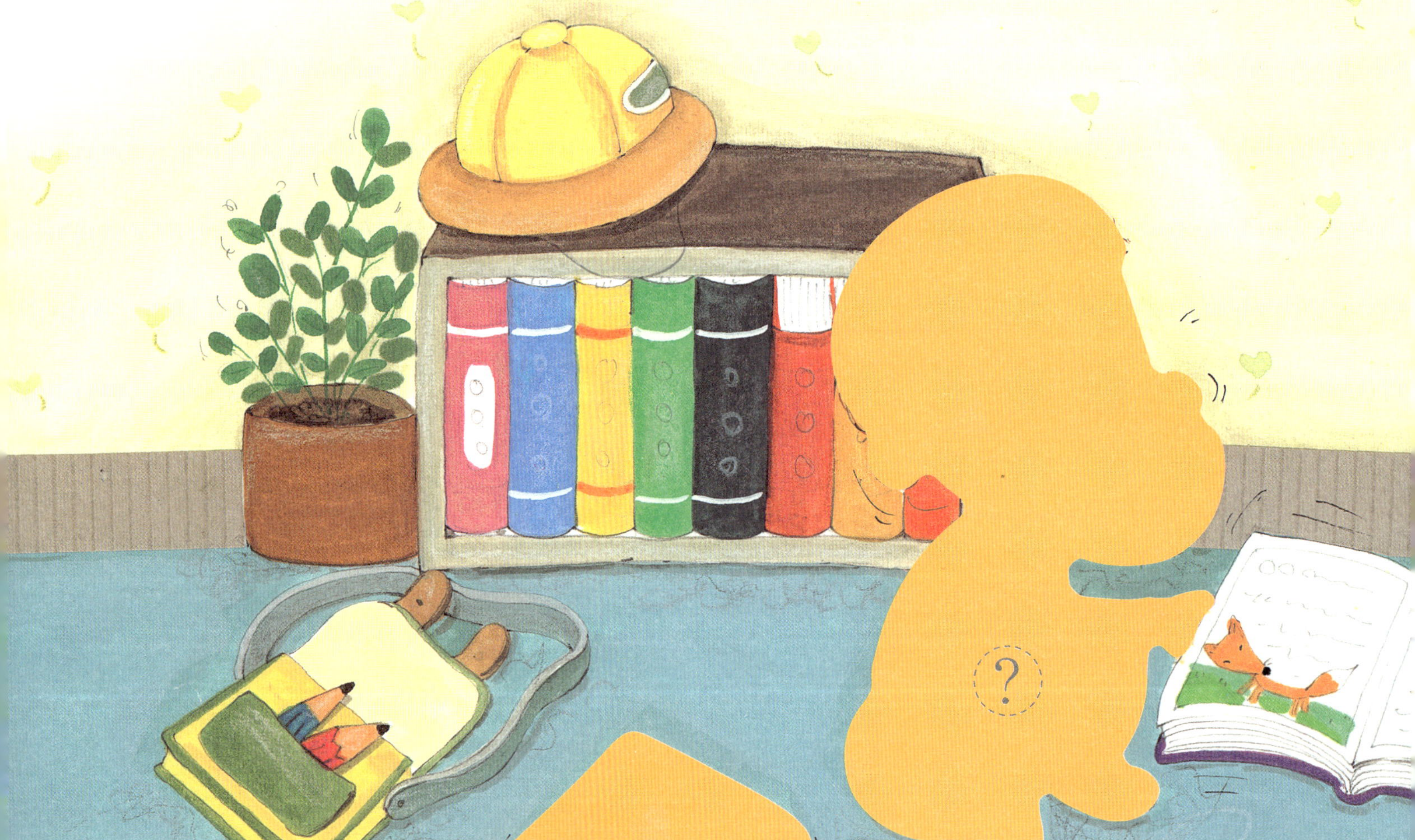

● 한자의 뜻에 해당하는 주인, 책, 비의 스티커를 붙이고 한자의 뜻, 소리를 읽어 봅니다.

비(雨) 오는 날,
친구네 집에 갔어요.
"난 동화책(冊) 읽을래."
나는 심심해서
책을 읽으려고 했어요.

"안 돼. 내가 주인(主)이야.
그러니까 내가 먼저 읽을래."
"내가 먼저 봤으니까 내가 먼저 읽어야지."
책이 부지직 찢어지고 말았어요.
"내가 잘못했어."
"아니야, 내가 잘못했어."
친구와 나는 책을 함께 읽었어요.

 主 알아보기

🔊 빈 곳에 알맞은 스티커를 붙이고 한자의 뜻과 소리를 읽어 보세요.

뜻 : 주인   소리 : 주

📖 主가 만들어진 유래를 알아보고 한자 스티커를 붙이세요.

촛대 위의 심지에서 불이 타고 있는 모양을 본떠 만든 한자입니다.
불은 방안의 가운데에 있다하여 주인의 뜻을 나타내게 되었습니다.

✏️ 순서대로 써 보세요.

• 主는 앞서 배운 王(임금 왕), 玉(구슬 옥)과 구분할 수 있어야 합니다.

📝 主의 뜻, 소리, 모양을 쓰세요.

- 主의 뜻은 _____ 입니다.
- 主의 소리는 _____ 입니다.
- 주인 주의 모양은 _____ 입니다.

❓에 스티커를 붙이고 主가 쓰인 한자어를 익혀 보세요.

❓ 인 : 한 집안을 꾸려 나가는 주되는 사람

❓ 객 : 주인과 손님

✏️ 필순에 맞게 主를 써 보세요.

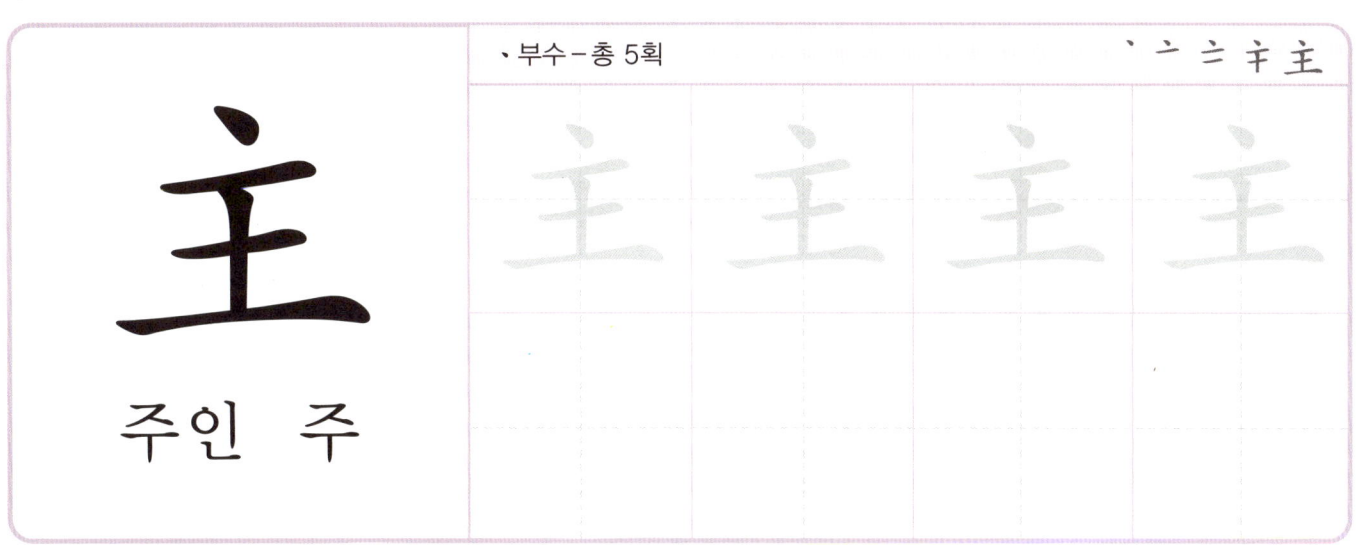

主
주인 주

ヽ 부수 – 총 5획

ヽ ㆍ ㅗ ㅌ 主

- 主의 필순은 ヽ ㆍ ㅗ ㅌ 主으로 써도 무방합니다.

 冊 알아보기

🔊 빈 곳에 알맞은 스티커를 붙이고 한자의 뜻과 소리를 읽어 보세요.

뜻 : 책　소리 : 책

📖 冊이 만들어진 유래를 알아보고 한자 스티커를 붙이세요.

대나무 조각을 끈으로 묶어 책을 만든 모양을 본뜬 한자입니다.

✏️ 순서대로 써 보세요.

- '책 책'의 모양은 冊과 册 모두 쓰입니다.

📝 冊의 뜻, 소리, 모양을 쓰세요.

- 冊의 뜻은 _____ 입니다.
- 冊의 소리는 _____ 입니다.
- 책 책의 모양은 _____ 입니다.

📄 ? 에 스티커를 붙이고 冊이 쓰인 한자어를 익혀 보세요.

? 상 : 책을 읽거나 글씨를 쓰는 데 쓰는 상

공 ? : 글씨를 쓸 수 있게 백지로 매어 놓은 책

✏️ 필순에 맞게 冊을 써 보세요.

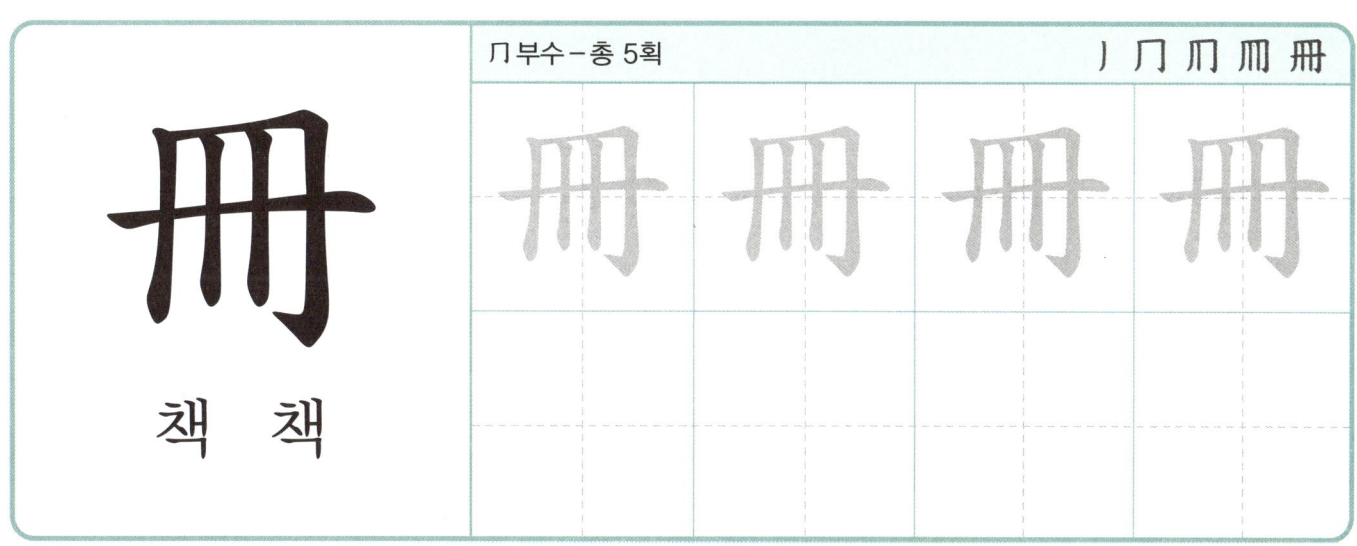

• 책 책이 冊 모양일 경우 ノ 刀 刑 刑 冊 으로 씁니다.

🔊 빈 곳에 알맞은 스티커를 붙이고 한자의 뜻과 소리를 읽어 보세요.

뜻: 비 소리: 우

📝 雨가 만들어진 유래를 알아보고 한자 스티커를 붙이세요.

하늘에서 내리는 빗방울을 본떠 만든 한자입니다.

✏️ 순서대로 써 보세요.

● 위쪽의 가로선은 하늘, 아래쪽의 세로점은 빗방울을 표시한 모양입니다.

雨의 뜻, 소리, 모양을 쓰세요.

- 雨의 뜻은 _____ 입니다.
- 雨의 소리는 _____ 입니다.
- 비 우의 모양은 _____ 입니다.

❓에 스티커를 붙이고 雨가 쓰인 한자어를 익혀 보세요.

❓ 산 : 펴고 접을 수 있게 만들어, 비가 올 때 손에 들고 머리 위에 받쳐 쓰는 우비의 한 가지

❓ 의 : 비옷

필순에 맞게 雨를 써 보세요.

雨 비 우

雨부수 - 총 8획

一 ㄏ ㄇ 币 币 雨 雨 雨

- 雨가 들어가는 다른 한자어도 이야기해 보도록 합니다. (예 : 우천, 폭우, 강우량 …)

다지기

✏️ 같은 한자끼리 연결하고, 뜻과 소리를 쓰세요.

| 雨 | 王 | 主 | 門 | 册 |

主   册   雨

• 정자체의 한자 아래에 뜻, 소리를 써 보면 매우 효과적입니다.

한자의 뜻과 소리를 바르게 찾아가세요.

• 미로찾기를 통하여 한자의 모양, 뜻, 소리를 바르게 연결하도록 합니다.

📝 같은 색의 점끼리 이어 보고 뜻과 소리를 쓰세요.

뜻 :　　　　소리 :

뜻 :　　　　소리 :

● 같은 색의 점을 이어 한자를 만들고 이루어진 한자를 필순에 맞게 써 봅니다.

✏ 한자의 뜻과 소리를 찾아 알맞은 것에 ○하세요.

 雨
- 비 우
- 주인 주
- 새 조

 冊
- 비 우
- 구슬 옥
- 책 책

 主
- 임금 왕
- 주인 주
- 책 책

• 主, 冊, 雨의 뜻과 소리를 찾을 때는 눈으로만 학습하기보다 입으로 소리내어 말하면서 공부합니다.

🗒 빈 칸에 알맞은 한자를 쓰세요.

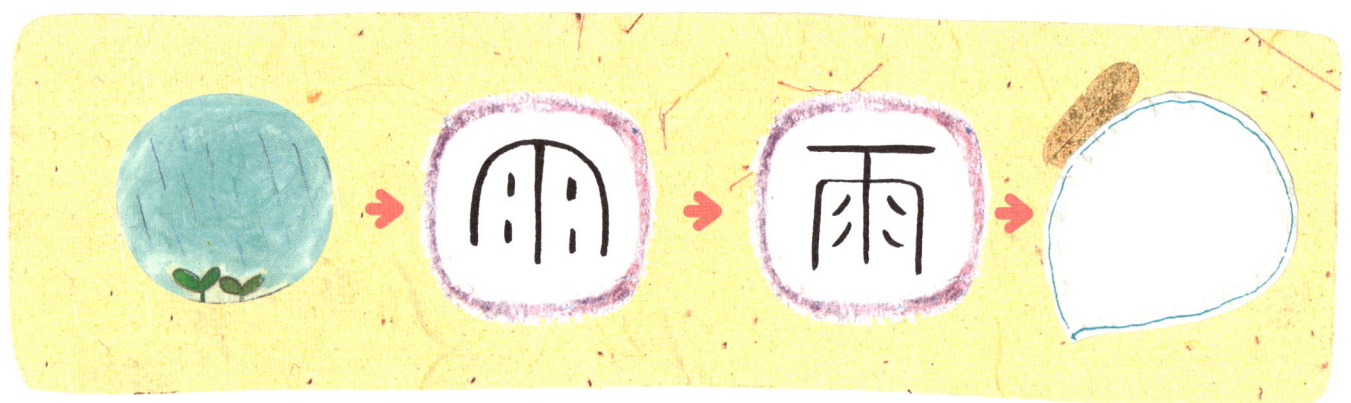

● 빈 칸에 답만 쓰지 않고 자원 변화 과정을 따라 그려보면 도움이 됩니다.

그림 속에 있는 한자를 모두 찾아 ○하고, 빈 칸에 알맞게 쓰세요.

주인 주	비 우	책 책

● 책 책의 모양은 冊 이렇게 써도 통용됩니다.

같은 한자를 따라가 뜻과 소리를 쓰세요.

뜻 :
소리 :

뜻 :
소리 :

뜻 :
소리 :

• 입으로 뜻, 소리를 말하면서 해당 한자를 따라갑니다.

빈 칸에 한자, 뜻, 소리를 알맞게 쓰세요.

• 나이가 어린 경우 규칙(한자 ➡ 뜻 ➡ 소리)을 설명해 주고 한자를 보고 써도 무방합니다.

마무리하기

📝 빈 칸에 뜻과 소리를 쓰고 필순에 맞게 한자를 쓰세요.

主	主				
뜻: 소리:	丶 亠 亠 主 主				
冊	冊				
뜻: 소리:	) 冂 冂 冊 冊				
雨	雨				
뜻: 소리:	一 厂 冂 币 币 雨 雨 雨				

• 이번 주에 익힌 한자를 정리하고 쓰기를 연습합니다.

🖊 뜻과 소리에 알맞은 한자를 쓰세요.

 漢字 보따리

한자에도 더하기가 있어요. -1

우리는 수학에서 더하기를 배우고 있죠. 더하기는 수학에만 있을까요?
한자에도 더하기가 있답니다.
그래서 한자는 무조건 암기를 하는 것 보다는 기초적인 한자를 공부한 다음에 더하기를 해보면
아주 재미있는 새로운 뜻의 한자가 나온답니다.

田 + 力 = 男 밭에서 힘써 일을 하다.   男 (남자 남)
밭 전   힘 력

水  + 田 = 畓 밭에 물을 가두어둔 곳.   畓 (논 답)
물 수   밭 전

口 + 鳥 = 鳴 새는 입으로 울어요.   鳴 (울 명)
입 구   새 조

九 + 鳥 = 鳩 구구구…소리를 내며 우는 새.   鳩 (비둘기 구)
아홉 구   새 조

木 + 木 = 林 나무 옆에 나무가 있다.   林 (수풀 림)
나무 목   나무 목

- 계속 -

 해답

 B3집 109a-120a

109a

109b

110a

110b

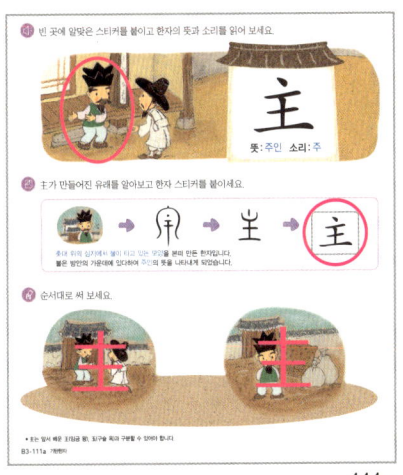
111a

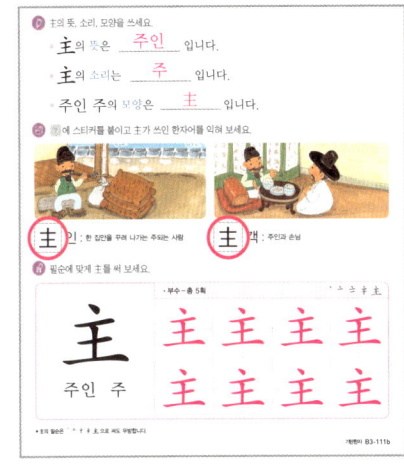
111b

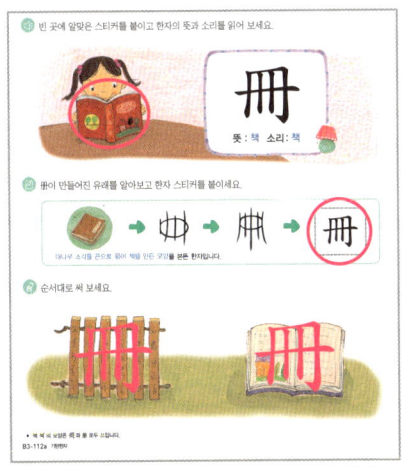
112a

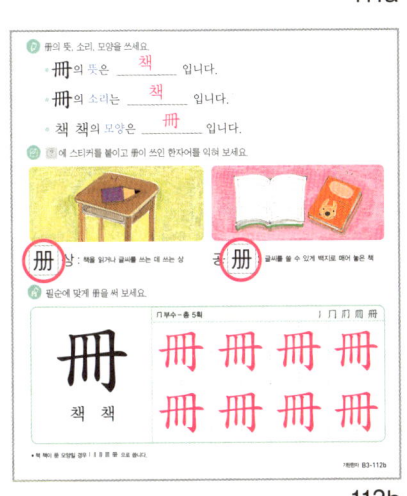
112b

113a

기탄한자 B3-119b

113b

114a

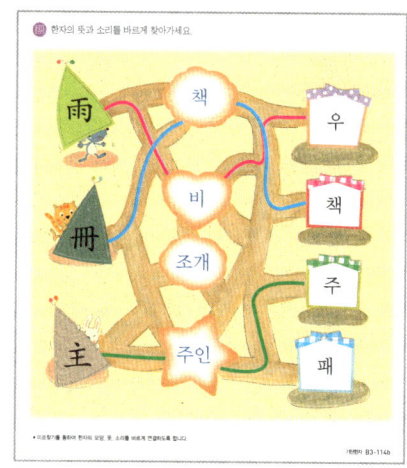
114b

115a

115b

116a

116b

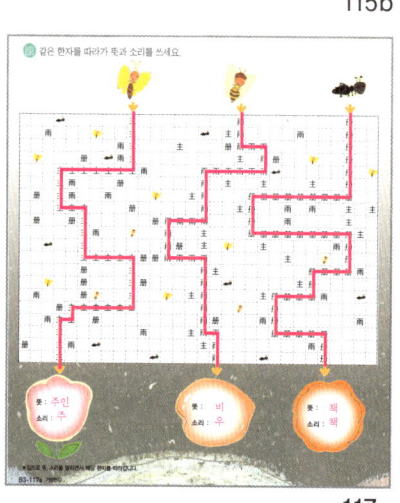
117a

117b

기탄한자 B3집 10호 한자 카드

主

冊

雨

主 冊 雨

冊 책 책	主 주인 주
主 주인 주 冊 책 책 雨 비 우	雨 비 우

主人

空冊

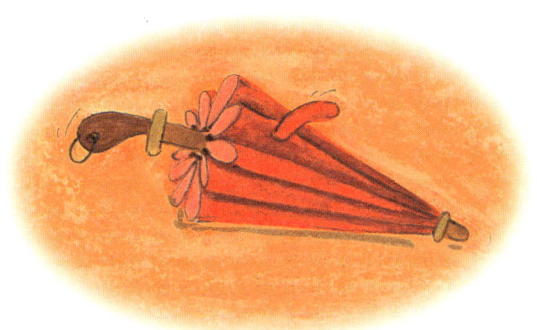

雨傘

 主人

 空冊

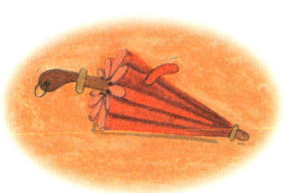 雨傘

공책

글씨를 쓸 수 있게
백지로 매어 놓은 책

空 : 빌 공   冊 : 책 책

주인

한 집안을 꾸려
나가는 주되는 사람

主 : 주인 주   人 : 사람 인

 주인

 공책

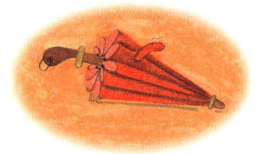 우산

우산

펴고 접을 수 있게 만들어,
비가 올 때 손에 들고
머리 위에 받쳐 드는
우비의 한 가지

雨 : 비 우   傘 : 우산 산

재미로 놀기

✂ 어떤 옷이 어울릴까요? 옷을 오려 알맞게 입혀 보세요.

• 뒷장의 활동 창고에 있는 옷을 오려 놀아 보세요.

펴낸이 : 정지향
펴낸곳 : (주)기탄교육
기획·편집·디자인 : 기탄교육연구소
주소 : 06698 서울특별시 서초구 효령로 40 기탄출판센터
등록 : 제2000-000098호
전화 : (02)586-1007
팩스 : (02)586-2337

※서점에 갈 시간이 없거나 구하기 어려운 분은 인터넷 또는 전화로 신청하세요. 즉시 우송해 드립니다.
● www.gitan.co.kr

ⓒ (주)기탄교육 All rights reserved.
저작권자의 동의 없이 본 교재를 무단으로 복제하거나 전재하는 것을 금합니다.

• 그림을 오려 알맞게 입혀 보세요.

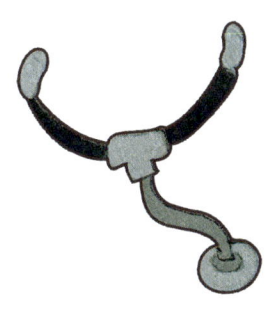

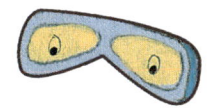

──── 오리는 선

• 선을 따라 오려 B3-10호 재미로 놀기에 활용하세요.

B3집
121a-132a

11 호

기탄한자 B단계 3집 121a~132a

그림으로 익히고 놀이로 기억하는 입체 한자 학습 프로그램

기탄® 한자

B3집

11호

121a-132a

공부한 날	월	일 ~	월	일
	(원)교			반
이름	전화			

www.gitan.co.kr

기초 탄탄한 교육·기초 탄탄한 학습
기탄교육

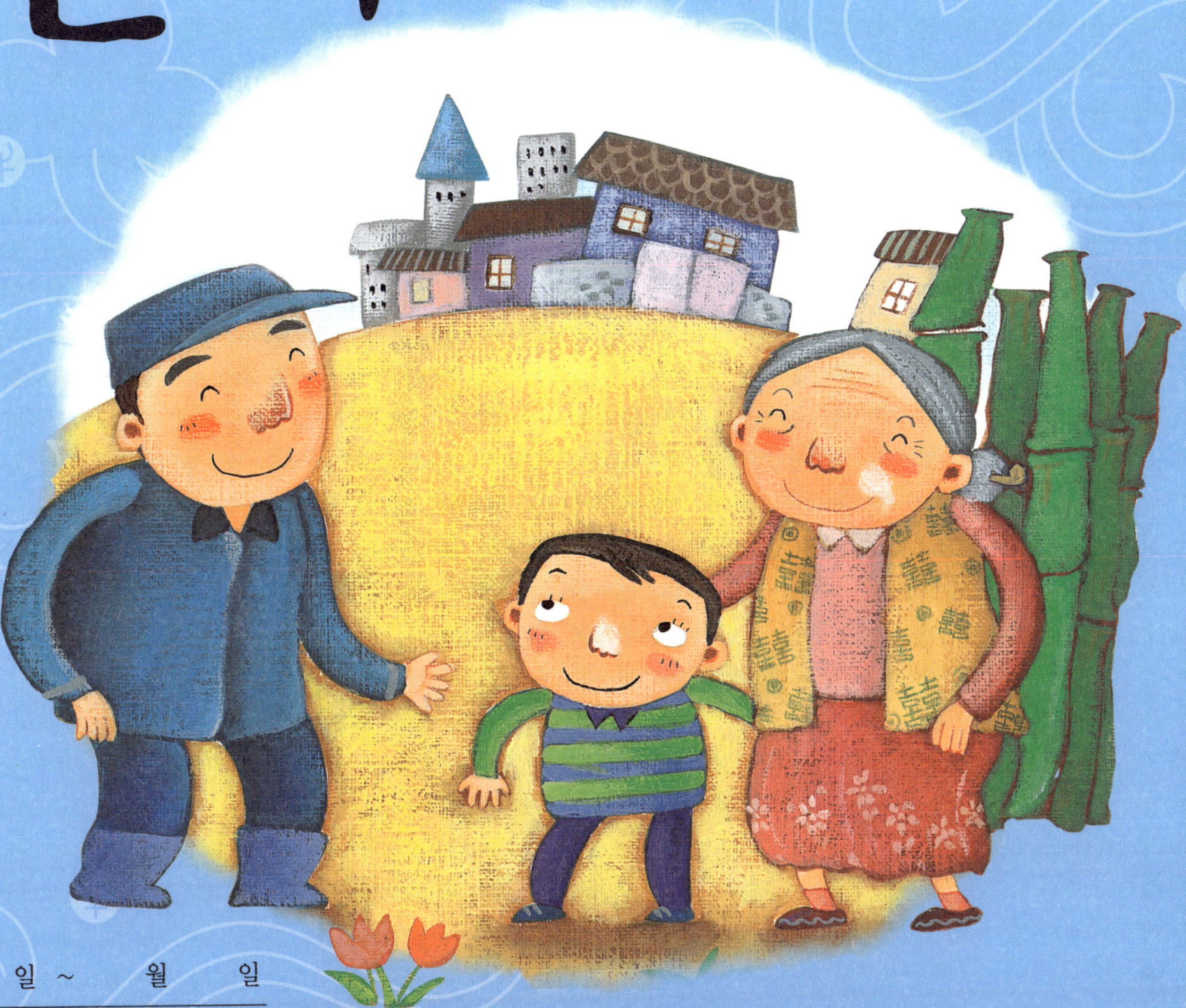

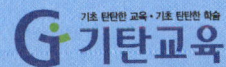

B단계에서 배울 한자입니다.

	B단계						
1집	犬, 牛, 羊	2집	車, 士, 己	3집	魚, 貝, 鳥	4집	草, 花, 馬
	父, 母, 子		自, 工, 門		主, 冊, 雨		男, 女, 夕
	生, 心, 身		刀, 王, 白		風, 里, 竹		舌, 齒, 面
	복습		복습		복습		복습

※ 매주마다 학습한 한자를 누적하여 읽어 보세요.

학습진단 관리표

		훈음 읽기	훈음 쓰기	한자 쓰기	한자어 읽기	이번 주는?			
금주평가		Ⓐ 아주 잘함	Ⓐ 아주 잘함	Ⓐ 아주 잘함	Ⓐ 아주 잘함	●학습방법	❶ 매일매일	❷ 가끔	❸ 한꺼번에 하였습니다.
		Ⓑ 잘함	Ⓑ 잘함	Ⓑ 잘함	Ⓑ 잘함	●학습태도	❶ 스스로 잘	❷ 시켜서 억지로 하였습니다.	
		Ⓒ 보통	Ⓒ 보통	Ⓒ 보통	Ⓒ 보통	●학습흥미	❶ 재미있게	❷ 실증내며 하였습니다.	
		Ⓓ 노력해야 함	Ⓓ 노력해야 함	Ⓓ 노력해야 함	Ⓓ 노력해야 함	●교재내용	❶ 적합하다고	❷ 어렵다고	❸ 쉽다고 하였습니다.
		지도 교사가 부모님께				부모님이 지도 교사께			

종합평가	Ⓐ 아주 잘함	Ⓑ 잘함	Ⓒ 보통	Ⓓ 노력해야 함

B3집
121a-132a

이번 주에는 風(바람 풍), 里(마을 리), 竹(대나무 죽)을 배워요.

이렇게 **도와** 주세요

1일차 121a~122b
- 지난 호에서 학습한 主, 冊, 雨를 복습합니다.
- 동화를 읽고 風, 里, 竹의 뜻을 이야기해 봅니다.
- 한자 카드나 받아쓰기로 앞서 배운 한자를 복습합니다.

2일차 123a~125b
- 風의 자원을 아이가 어려워한다면 바람이 불어 날아가는 모습(几)으로 기억하게 설명합니다.
- 竹은 대나무의 잎 모양을 본떠 만든 한자입니다.

3일차 126a~127b
- 里는 A단계에서 배운 田(밭 전)과 土(흙 토)로 분리할 수 있는지 확인해 봅니다.
- 127a는 같은 색의 점을 잇고 필순에 맞게 따라 써 봅니다.

4일차 128a~129b
- 재미있는 여러 가지 방법으로 風, 里, 竹을 학습합니다.
- 竹은 艹(풀 초)와 모양을 구별하도록 합니다.

5일차 130a~132a
- 風, 里, 竹 학습을 마무리하고, 한자 보따리와 재미로 놀기를 통하여 흥미를 느끼게 지도합니다.
- 한자 카드는 고리에 끼워서 모아 두고 매일 잠깐씩 보여 줍니다.

다시 보기

🖍 그림 한자의 뜻과 소리를 쓰세요.

뜻: 소리:

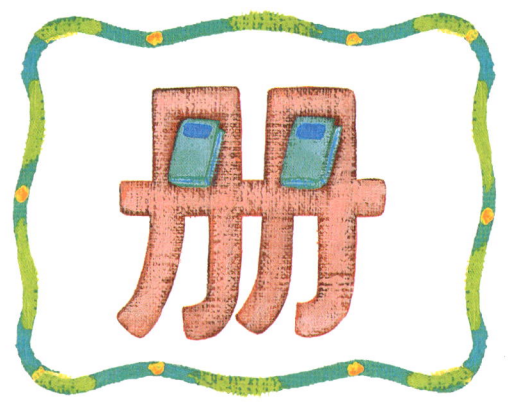

뜻: 소리:

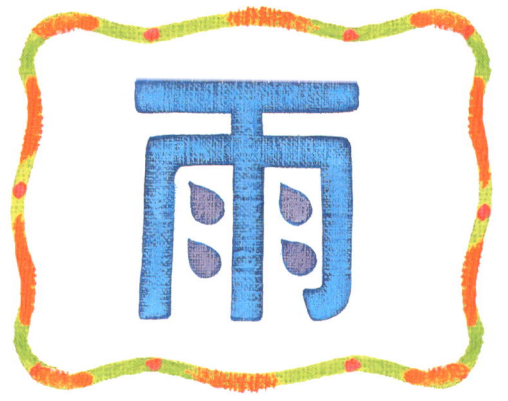

뜻: 소리:

● 장난감의 주인, 책, 빗방울의 요소를 그림 한자에서 찾아봅니다.

들어가기

어떤 한자를 배울까요? 동화를 읽고 스티커를 붙여 알아보세요.

할머니댁이 좋아요.

우리 할머니댁은 시골이에요.
시골집은 **대나무**(竹)가 울타리예요.
대나무 숲을 걸어가면
바람(風)이 솔솔 불어와요.
난 할머니댁이 좋아요.

● 단순히 스티커 붙이는 학습만 하지 않고, 동화를 읽고 새로 나온 한자에 관심을 갖도록 합니다.

할머니는 **마을(里)** 이곳 저곳 내 손을 잡고 다녀요.
헤어질 시간이에요.
"할머니 우리 집에 같이 가요."
"오냐, 내 강아지! 기특하기도 하지!"
할머니는 나를 꼬옥 안아 주셨어요.

風 알아보기

🔊 빈 곳에 알맞은 스티커를 붙이고 한자의 뜻과 소리를 읽어 보세요.

뜻 : 바람   소리 : 풍

📝 風이 만들어진 유래를 알아보고 한자 스티커를 붙이세요.

무릇 범(凡)에 벌레 충(蟲)을 합친 한자로, 벌레들이 사는데 필요한 공기의 유동이 바람이라는 데서 만들어진 한자입니다.

✏️ 순서대로 써 보세요.

• 한자의 모양에서 바람(風)을 연상하도록 합니다.

- 風의 뜻, 소리, 모양을 쓰세요.

  - 風의 뜻은 _____ 입니다.
  - 風의 소리는 _____ 입니다.
  - 바람 풍의 모양은 _____ 입니다.

- ?에 스티커를 붙이고 風이 쓰인 한자어를 익혀 보세요.

? 차 : 바람의 힘을 이용하여 동력을 얻는 기계 장치

강 ? : 세차게 부는 바람

- 필순에 맞게 風을 써 보세요.

風부수 - 총 9획

바람 풍

● 風차에서 차(車)는 앞서 학습한 한자이므로 한자로 써 보면 효과적입니다.

 里 알아보기

🔊 빈 곳에 알맞은 스티커를 붙이고 한자의 뜻과 소리를 읽어 보세요.

뜻 : 마을   소리 : 리

📄 里가 만들어진 유래를 알아보고 한자 스티커를 붙이세요.

田과 土로 이루어진 한자로, 마을을 뜻하는 한자입니다.

✏️ 순서대로 써 보세요.

• 里는 행정 구역의 단위로 쓰이기도 합니다. (예 : 양수리, 양촌리 …)

✏️ 里의 뜻, 소리, 모양을 쓰세요.

- 里의 뜻은 _____ 입니다.
- 里의 소리는 _____ 입니다.
- 마을 리의 모양은 _____ 입니다.

📖 ❓에 스티커를 붙이고 里가 쓰인 한자어를 익혀 보세요.

❓장 : 행정 구역의 하나인 리(里)의 사무를 맡아보는 사람

❓정표 : 거리를 적어 세운 푯말이나 표석

✏️ 필순에 맞게 里를 써 보세요.

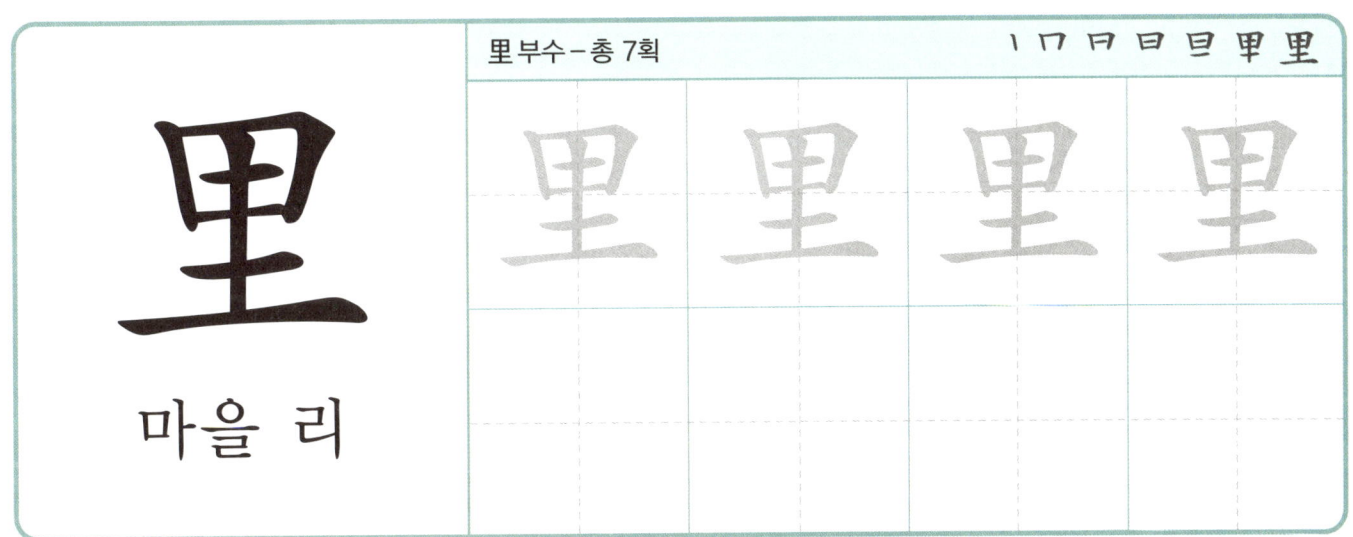

里부수 - 총 7획

｜ 口 日 日 旦 甲 里 里

里
마을 리

- 里는 거리를 나타내는 단위로 쓰이기도 합니다. (예 : 삼천리, 오백리 …) 里가 첫소리로 쓰이면 '이'로 읽힙니다.

竹 알아보기

🔊 빈 곳에 알맞은 스티커를 붙이고 한자의 뜻과 소리를 읽어 보세요.

뜻: 대나무 소리: 죽

📄 竹이 만들어진 유래를 알아보고 한자 스티커를 붙이세요.

아래로 드리워진 두 개의 대나무 잎사귀를 본떠 만든 한자입니다.

✏️ 순서대로 써 보세요.

● 대나무 잎과 한자의 모양을 연관하여 익힙니다.

- 竹의 뜻, 소리, 모양을 쓰세요.

  - 竹의 뜻은 _____ 입니다.
  - 竹의 소리는 _____ 입니다.
  - 대나무 죽의 모양은 _____ 입니다.

- ❓에 스티커를 붙이고 竹이 쓰인 한자어를 익혀 보세요.

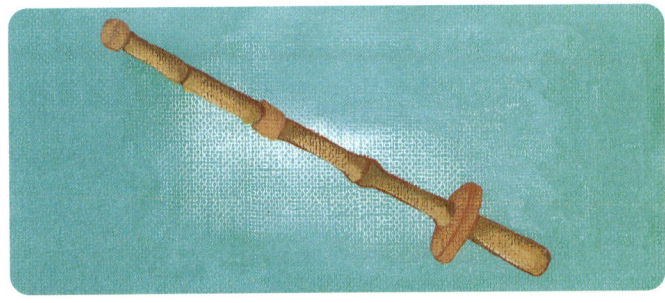

❓ 림 : 대숲

❓ 도 : 대나무로 만든 칼

- 필순에 맞게 竹을 써 보세요.

竹 부수 – 총 6획

竹 대나무 죽

• 竹은 艸(풀 초)와 모양을 구별하도록 합니다.

 다지기

📝 같은 한자끼리 연결하고, 뜻과 소리를 쓰세요.

風　雨　里　木　竹

● 바람, 마을, 대나무의 그림 요소를 먼저 찾고, 雨와 木의 뜻·소리도 써 봅니다.

한자의 뜻과 소리를 바르게 찾아가세요.

• 미로찾기를 통하여 한자의 뜻, 소리, 모양을 흥미롭게 익히도록 합니다.

같은 색의 점끼리 이어 보고 뜻과 소리를 쓰세요.

뜻 :   소리 :

뜻 :   소리 :

• 같은 색의 점을 이어 한자를 만들고 필순에 맞게 겹쳐서 쓰도록 합니다.

한자의 뜻과 소리를 찾아 알맞은 것에 ○하세요.

竹
- 비 우
- 대나무 죽
- 일천 천

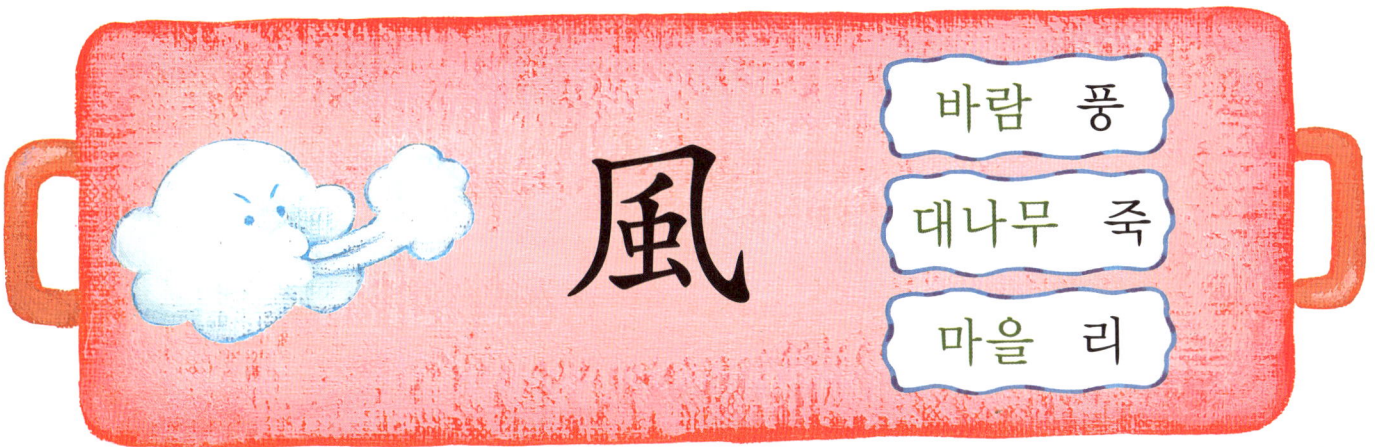

風
- 바람 풍
- 대나무 죽
- 마을 리

里
- 비 우
- 바람 풍
- 마을 리

• 학습 수용도가 좋은 아이의 경우는 뜻, 소리 옆에 한자를 써 보면 효과적입니다.

빈 칸에 알맞은 한자를 쓰세요.

그림 속에 있는 한자를 모두 찾아 ○ 하고, 빈 칸에 알맞게 쓰세요.

대나무 죽	마을 리	바람 풍

• 그림 속에 있는 한자를 모두 찾고 훈음에 알맞은 한자를 써 봅니다.

같은 한자를 따라가 뜻과 소리를 쓰세요.

빈 칸에 한자, 뜻, 소리를 알맞게 쓰세요.

• 한자 ➡ 뜻 ➡ 소리의 규칙을 먼저 찾고 빈 칸에 알맞게 쓰도록 합니다.

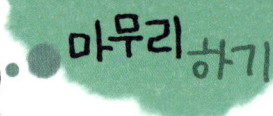
 빈 칸에 뜻과 소리를 쓰고 필순에 맞게 한자를 쓰세요.

風	風					
뜻: 소리:	ノ 几 凡 凡 凬 凬 風 風 風					
里	里					
뜻: 소리:	丨 冂 日 曰 旦 甲 里					
竹	竹					
뜻: 소리:	ノ ㇓ 个 竹 竹 竹					

• 이번 주에 배운 風, 里, 竹의 3요소를 마무리합니다.

뜻과 소리에 알맞은 한자를 쓰세요.

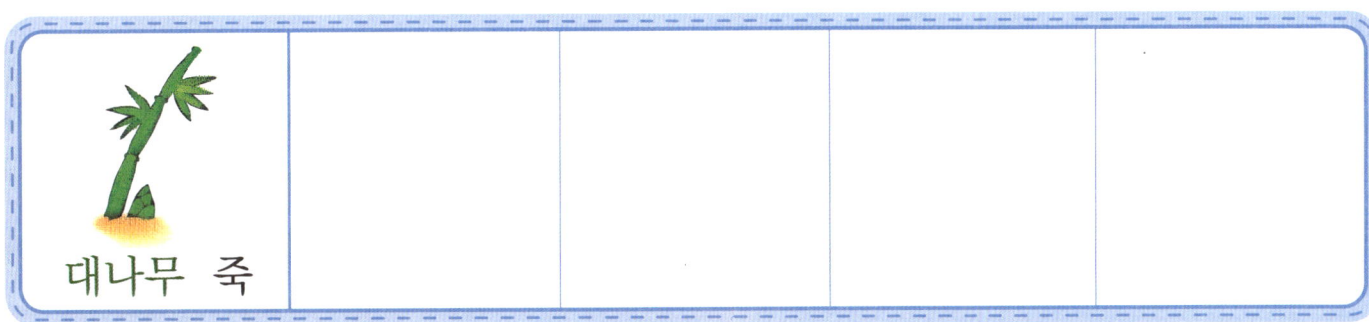

• 그림과 훈음만으로 한자쓰기를 어려워하는 경우 한자 카드를 보고 쓰도록 합니다.

한자에도 더하기가 있어요. - 2

한자에는 기본이 되어 다른 한자에 아주 많이 쓰이는 한자들이 있습니다.
예를 들면 水, 木, 女 등과 같은 한자들입니다.
특히 女와 합해져서 새로이 만들어진 한자는 300여자가 넘는다고 합니다.
女와 더하기를 하여 이루어지는 한자는 매우 재미있는 뜻을 가진 한자가 많이 있습니다.
그럼 女와 합하여져서 만들어지는 재미있는 한자를 알아볼까요?

女 + 子 = 好　여자가 아들을 안고 있다.　　　好(좋을 호)
여자 녀　아들 자

女 + 古 = 姑　여자가 오래되었다.　　　　　姑(시어머니 고)
여자 녀　옛 고

女 + 石 = 妬　여자가 돌을 던지다.　　　　　妬(투기할 투)
여자 녀　돌 석

女 + 母 = 姆　엄마 역할을 하는(젖을 먹여주는)여자.　姆(유모 모)
여자 녀　어머니 모

女 + 任 = 姙　여자가 맡은 일.　　　　　　　姙(아이 밸 임)
여자 녀　맡길 임

이외에도 이러한 방법으로 만들어진 한자들이 매우 많이 있습니다.
여러분이 앞으로 배우게 될 한자를 그냥 암기하지 말고 이렇게 더하기 공식으로 만들어 보세요.
그렇게 하면 훨씬 쉽게 한자를 공부할 수 있게 된답니다.

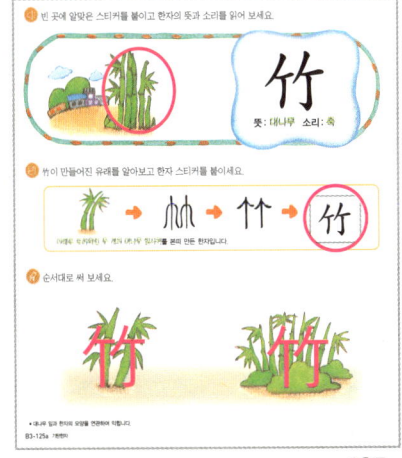

125b

126a

126b

127a

127b

128a

128b
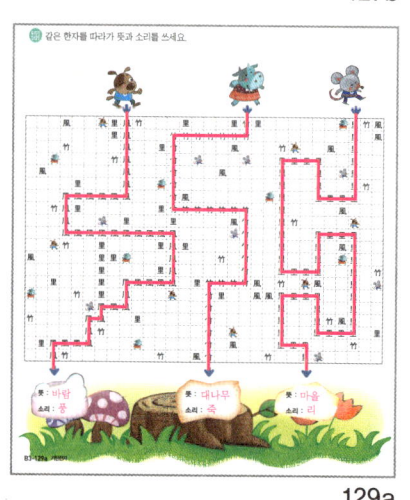
129a

129b

風

里

竹

風
里
竹

里 마을 리

風 바람 풍

風 바람 풍
里 마을 리
竹 대나무 죽

竹 대나무 죽

風車

里長

竹刀

 風車

 里長

 竹刀

기탄한자 B3집 11호 한자어 카드

이장

행정 구역의 하나인 리(里)의
사무를 맡아보는 사람

里:마을 리   長:길/어른 장

풍차

바람의 힘을 이용하여
동력을 얻는 기계 장치

風:바람 풍   車:수레 거/차

 풍차

 이장

 죽도

죽도

대나무로 만든 칼

竹:대나무 죽   刀:칼 도

122a

風
바람 풍

122b

里
마을 리

123a

123b

風

風
風

竹
대나무 죽

124a

124b

里

里
里

125a

125b
竹

竹
竹

 재미로 놀기

크리스마스 트리예요. 그림을 오려 트리를 예쁘게 꾸며 보세요.

• 뒷장의 활동 창고에 있는 그림을 오려 트리를 꾸며 보세요.

펴낸이 : 정지향
펴낸곳 : (주)기탄교육
기획·편집·디자인 : 기탄교육연구소
주소 : 06698 서울특별시 서초구 효령로 40 기탄출판센터
등록 : 제2000-000098호
전화 : (02) 586-1007
팩스 : (02) 586-2337

※ 서점에 갈 시간이 없거나 구하기 어려운 분은 인터넷 또는 전화로 신청하세요. 즉시 우송해 드립니다.
● www.gitan.co.kr

ⓒ (주)기탄교육 All rights reserved.
저작권자의 동의 없이 본 교재를 무단으로 복제하거나 전재하는 것을 금합니다.

• 그림을 오려 트리를 예쁘게 꾸며 보세요.

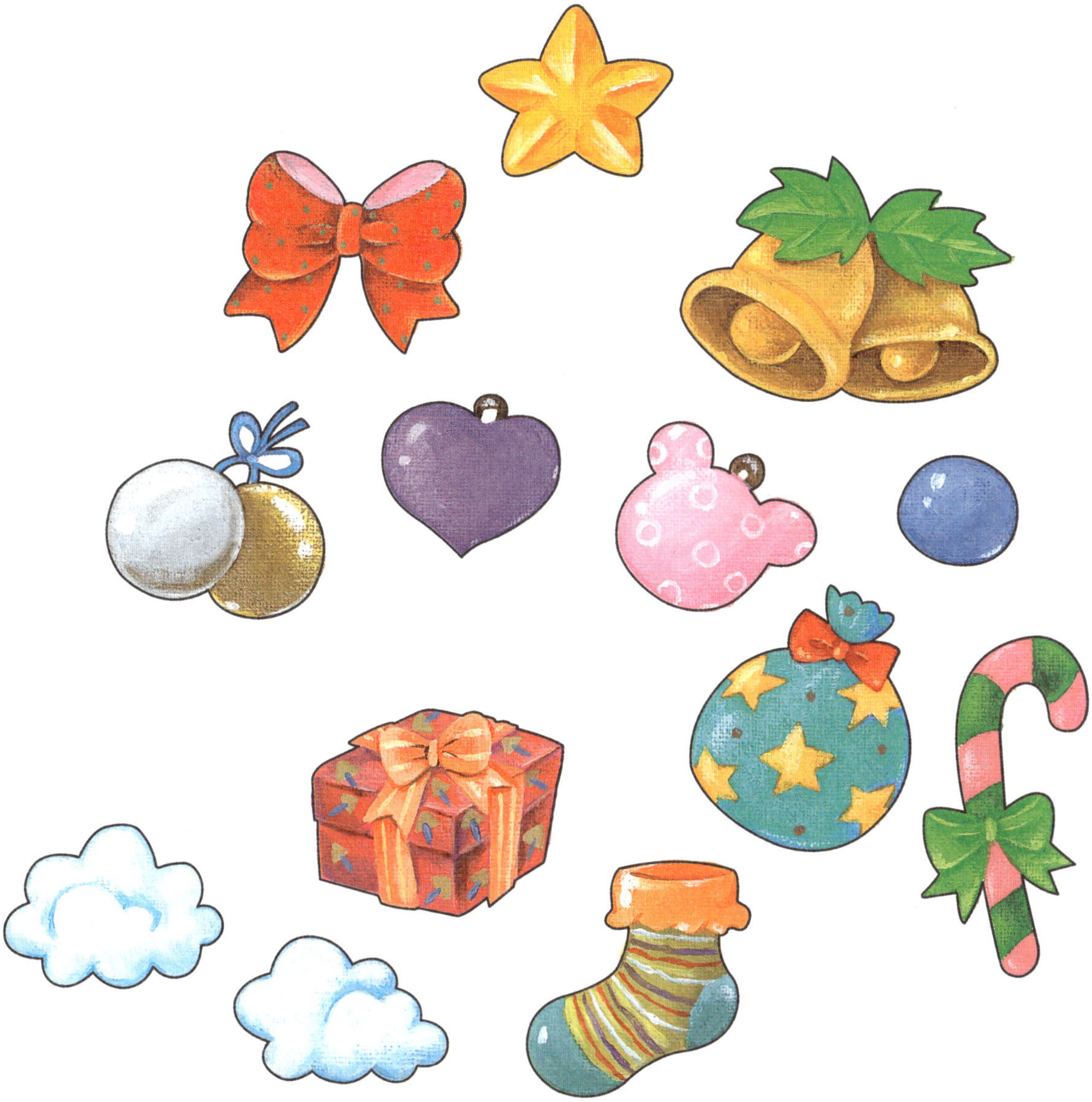

―――― 오리는 선

• 선을 따라 오려 B3-11호 재미로 놀기에 활용하세요.

B3집
133a-144a

12호

기탄한자 B단계 3집 133a~144a

그림으로 익히고 놀이로 기억하는 입체 한자 학습 프로그램

기탄®한자

B3집
12호
133a-144a

공부한 날   월 일 ~   월 일
_____
          (원)교   반
_____
이름   전화
_____
www.gitan.co.kr

 B단계에서 배울 한자입니다.

	B단계						
1집	犬, 牛, 羊 父, 母, 子 生, 心, 身	2집	車, 土, 己 自, 工, 門 刀, 王, 白	3집	魚, 貝, 鳥 主, 册, 雨 風, 里, 竹	4집	草, 花, 馬 男, 女, 夕 舌, 齒, 面
	복습		복습		복습		복습

※ 매주마다 학습한 한자를 누적하여 읽어 보세요.

학습진단 관리표

	훈음 읽기	훈음 쓰기	한자 쓰기	한자어 읽기	이번 주는?
금주평가	Ⓐ 아주 잘함 Ⓑ 잘함 Ⓒ 보통 Ⓓ 노력해야 함	Ⓐ 아주 잘함 Ⓑ 잘함 Ⓒ 보통 Ⓓ 노력해야 함	Ⓐ 아주 잘함 Ⓑ 잘함 Ⓒ 보통 Ⓓ 노력해야 함	Ⓐ 아주 잘함 Ⓑ 잘함 Ⓒ 보통 Ⓓ 노력해야 함	● 학습방법 ❶ 매일매일 ❷ 가끔 ❸ 한꺼번에 하였습니다. ● 학습태도 ❶ 스스로 잘 ❷ 시켜서 억지로 하였습니다. ● 학습흥미 ❶ 재미있게 ❷ 싫증내며 하였습니다. ● 교재내용 ❶ 적합하다고 ❷ 어렵다고 ❸ 쉽다고 하였습니다.

지도 교사가 부모님께   부모님이 지도 교사께

종합평가	Ⓐ 아주 잘함	Ⓑ 잘함	Ⓒ 보통	Ⓓ 노력해야 함

이번 주에는 **B9, B10, B11호**에서 배운 한자를 복습해요.

이렇게 **도와** 주세요

1 일차 133a~134b
- B3집에서 배운 9자의 뜻, 소리를 읽어 봅니다.
- 魚는 고기의 비늘과 지느러미의 모양으로 연상하도록 지도합니다.
- 한자 파노라마 놀이로 아이와 함께 놀아 줍니다.

2 일차 135a~136a
- B10호에서 학습한 主, 冊, 雨의 뜻, 소리, 한자어, 자원을 복습합니다.
- 主는 王(임금 왕), 玉(구슬 옥)과 구분하도록 합니다.
- 雨는 빗방울이 떨어지는 모양으로 기억을 돕습니다.

3 일차 136b~137b
- B11호에서 학습한 風, 里, 竹의 뜻, 소리, 한자어, 자원을 복습합니다.
- 竹의 필순에 유의하고 風은 바람이 부는 모습으로 연상시켜 줍니다.

4 일차 138a~140b
- 앞서 배운 9자를 재미있는 방법으로 기억하도록 합니다.
- 140a, 140b에서는 B단계에서 배운 27자가 모두 실려 있으므로 벽걸이로 활용합니다.

5 일차 141a~144a
- 앞서 배운 9자를 정리하고 형성평가를 실시합니다.
- 형성평가 결과에 따라 제시된 향후 진도를 참고하여 학습 진도를 결정합니다.

복습해요

🔊 한자의 뜻과 소리를 말해 보세요.

● B3집 9호, 10호, 11호에서 배운 한자의 뜻과 소리를 떠올려 봅니다.

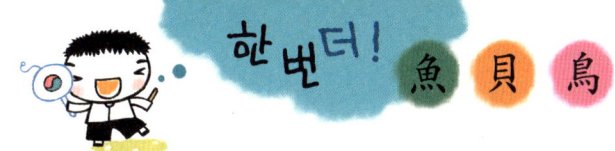

어떤 한자를 배웠나요? 스티커를 붙이고 빈 칸에 알맞게 쓰세요.

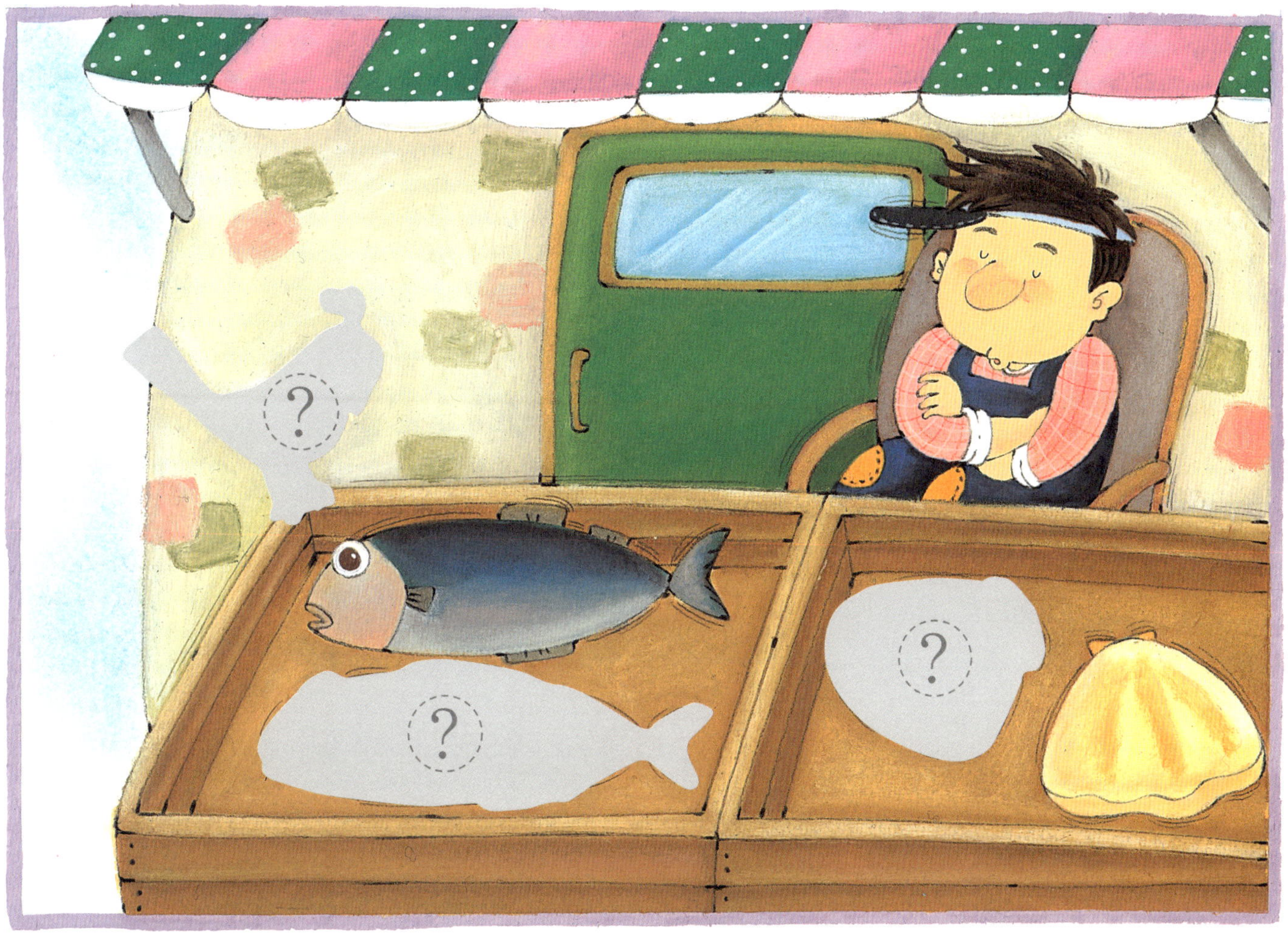

魚		
뜻: 물고기 소리: 어	뜻:　　　소리:	뜻:　　　소리:

• B3집 9호에서 배운 한자를 복습합니다.

관계있는 것끼리 연결하고 빈 칸에 한자를 쓰세요.

🖊 魚, 貝, 鳥가 들어가는 한자어를 알아보고 빈 곳에 한자를 쓰세요.

 인 魚 : 허리 위는 사람의 몸과 같고 허리 아래는 물고기와 같다는 상상의 동물.

 ____ 항 : 물고기를 기르는데 쓰이는 유리 항아리.

 ____ 물 : 산호나 호박, 수정 따위로 만든 물건.

 ____ 총 : 고대인이 조개를 까먹고 버린 조가비가 무덤처럼 쌓여 있는 것.

 백 ____ : 오릿과의 물새, 고니.

 ____ 류 : 새 무리.

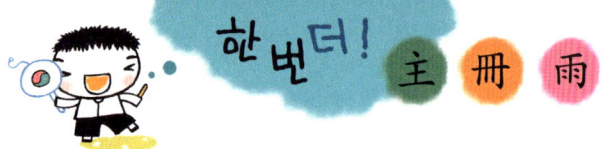

한 번 더! 主 冊 雨

어떤 한자를 배웠나요? 스티커를 붙이고 빈 칸에 알맞게 쓰세요.

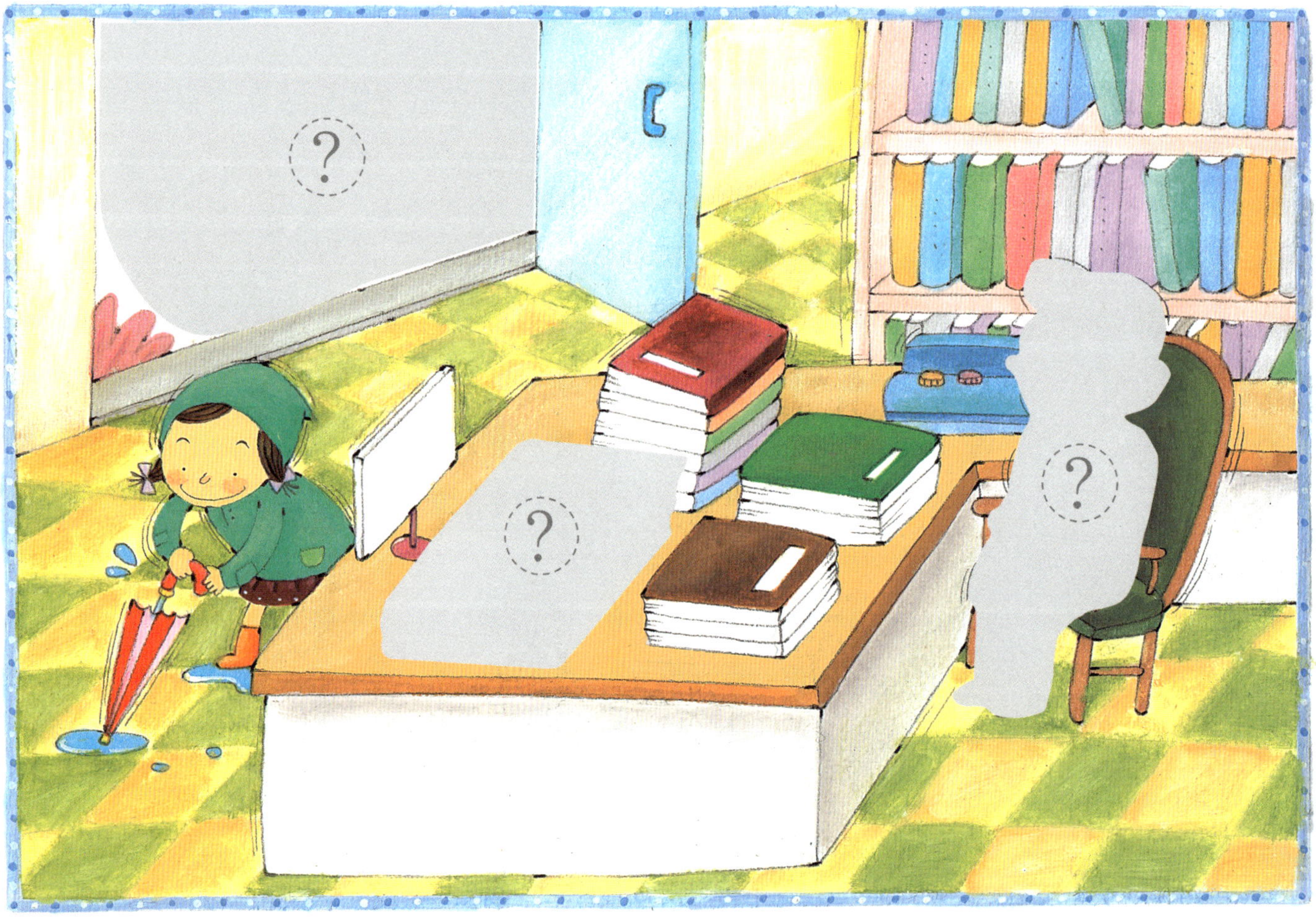

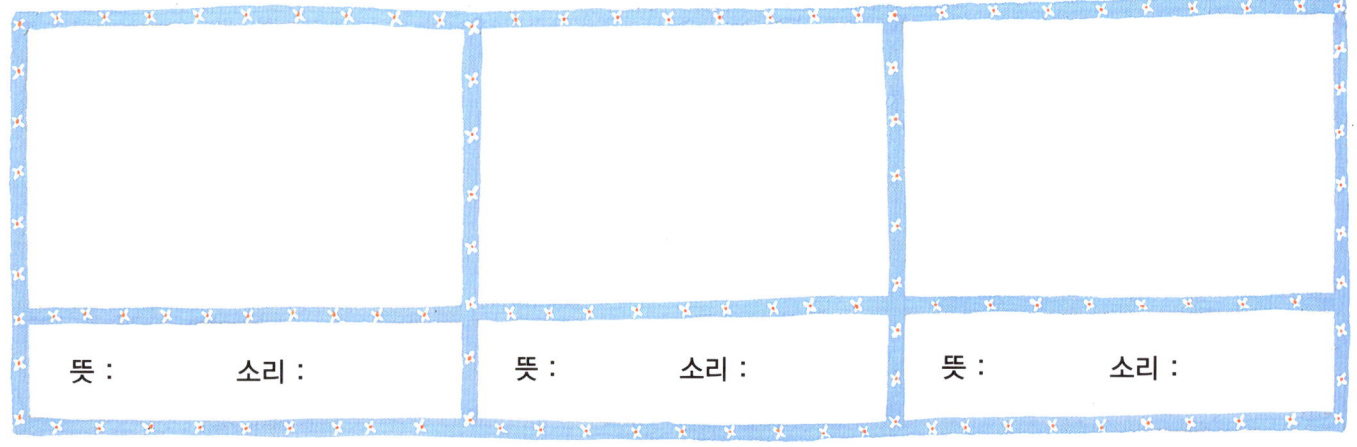

뜻 : 소리 :	뜻 : 소리 :	뜻 : 소리 :

• B3집 10호에서 배운 한자를 복습합니다.

관계있는 것끼리 연결하고 빈 칸에 한자를 쓰세요.

 비 우

 주인 주

 책 책

• '책 책'은 冊이나 册 두 가지 모양 모두 통용됩니다.

主, 册, 雨가 들어가는 한자어를 알아보고 빈 곳에 한자를 쓰세요.

____ 인 : 한 집안을 꾸려나가는 주되는 사람.

____ 객 : 주인과 손님.

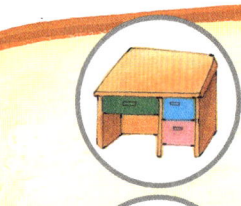
____ 상 : 책을 읽거나 글씨를 쓰는 데 쓰는 상.

공 ____ : 글씨를 쓸 수 있게 백지로 매어 놓은 책.

____ 산 : 펴고 접을 수 있게 만들어, 비가 올 때 손에 들고 머리 위에 받쳐 쓰는 우비의 한 가지.

____ 천 : 비가 내리는 날.

한 번 더! 風 里 竹

어떤 한자를 배웠나요? 스티커를 붙이고 빈 칸에 알맞게 쓰세요.

뜻: 소리:	뜻: 소리:	뜻: 소리:

• B3집 11호에서 익힌 한자를 복습합니다.

관계있는 것끼리 연결하고 빈 칸에 한자를 쓰세요.

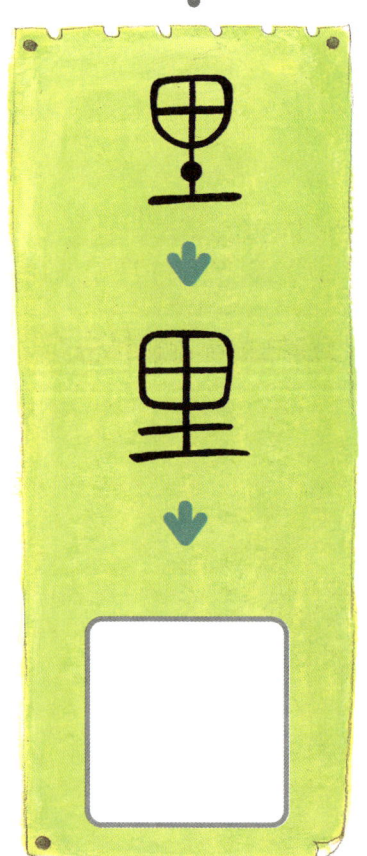  

風, 里, 竹이 들어가는 한자어를 알아보고 빈 곳에 한자를 쓰세요.

____ 차 : 바람의 힘을 이용하여 동력을 얻는 기계 장치.

____ 경 : 경치.

____ 장 : 행정 구역의 하나인 리(里)의 사무를 맡아보는 사람.

천 ____ 마 : 하루에 천 리를 달릴 수 있는 말이라는 뜻으로 아주 뛰어난 말을 이름.

____ 림 : 대 숲.

____ 마고우 : 어릴 때부터 같이 놀며 자란 오랜 벗.

• 里는 첫음으로 쓰이면 '이'로 소리납니다.

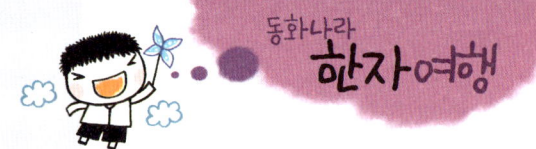

🖍 동화를 읽고 빈 칸에 알맞은 한자를 쓰세요.

아기 참새의 꿈

魚
貝
鳥
主
冊

아기 참새 鳥 는 바다가 보고 싶었어요.

"아기 바람 □ 아, 나를 바다로 데려다 주겠니?"

"안 돼! 난 바빠. 이제 구름을 몰아 비 □ 를 내려야 하거든."

"붕어 □ 아줌마, 여기가 바다인가요?"

"여기는 강이란다. 바다는 더 내려가야 돼."

• 그동안 익힌 한자를 동화 문장 속에 적용하여 복습합니다.

아기 참새는 지쳐서 잠이 들고 말았어요.

파도가 철썩철썩 아기 참새를 깨웠어요.

"파도야, 안녕! 여기가 바다로구나!"

아기 참새는 바다의 **주인** ☐ 이 되었답니다.

雨 風 里 竹 羊

• 어려워 하는 한자는 한자 카드를 활용해 익히도록 합니다.

다지기

한자와 뜻·소리가 바르게 쓰여진 박에 스티커를 모두 붙이세요.

- 鳥 새 조
- 魚 물고기 어
- 貝 눈 목
- 主 주인 주
- 冊 책 책
- 風 바람 풍
- 士 흙 토
- 雨 비 우
- 竹 대나무 죽
- 里 마을 군

• 한자와 뜻·소리가 바르지 않은 것은 바르게 고쳐 봅니다.

〈보기〉의 한자를 찾아 따라 쓰세요.

〈보기〉 물고기 어 조개 패 주인 주 비 우 바람 풍 대나무 죽

● 〈보기〉에 제시된 한자 이외에도 찾아 써 봅니다. (아들 자, 새 조, 힘 력, 책 책, 혀 설, 마을 리…)

빈 칸에 알맞은 뜻과 소리를 쓰세요.

마무리 하기

빈 칸에 뜻과 소리를 쓰고 필순에 맞게 한자를 쓰세요.

魚 물고기 어	魚			
	ノ ㄱ ㄱ ク 冬 舟 角 魚 魚 魚 魚			
貝	貝			
	丨 冂 冃 月 目 貝 貝			
鳥	鳥			
	ノ 亻 冖 冃 白 白 鳥 鳥 鳥 鳥			

뜻과 소리를 입으로 소리내어 말하면서 B3집에서 익힌 한자를 마무리 합니다.

빈 칸에 뜻과 소리를 쓰고 필순에 맞게 한자를 쓰세요.

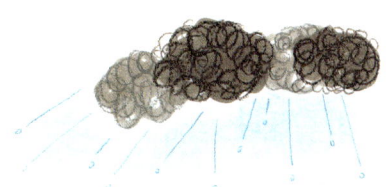

主 주인 주	主 `、亠二宁主`
冊	冊 `丿冂冂冊冊`
雨	雨 `一一一一一一一一一` 一厂戸雨雨雨雨雨

• 主, 冊은 다른 필순도 있습니다.(`、二宁主 / 丿冂冂冊冊`)

빈 칸에 뜻과 소리를 쓰고 필순에 맞게 한자를 쓰세요.

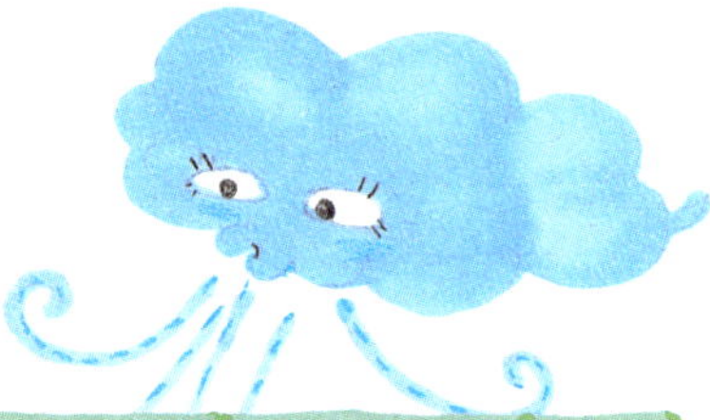

風 ( )	風
	丿 几 凡 凡 凨 凨 風 風 風
里 ( )	里
	丨 冂 日 日 旦 甲 里
竹 ( )	竹
	丿 𠂉 亇 亇 竹 竹

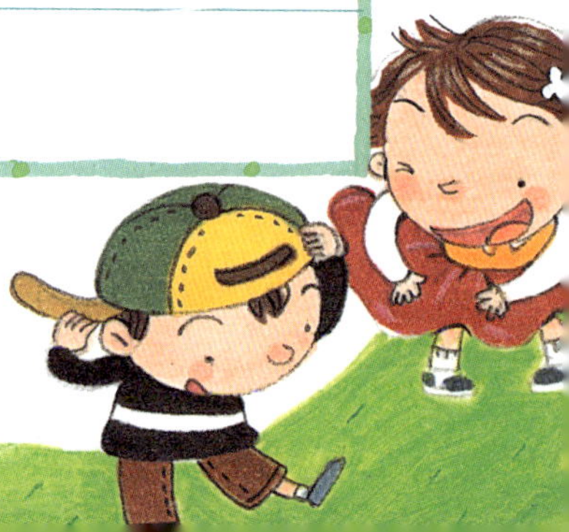

얼마나 알고 있나요?

평가일	년 월 일
소 요 시 간	시 분 ~ 시 분
평 가 결 과	21~27문항 — 아주 잘 했어요. B4집 13호를 학습하세요. 11~20문항 — 틀린 한자를 다시 익혀요. 10문항 이하 — B3집을 복습해요.

● 한자의 뜻과 소리를 쓰세요.

1. 里
뜻: 소리:

2. 冊
뜻: 소리:

3. 鳥
뜻: 소리:

4. 主
뜻: 소리:

5. 貝
뜻: 소리:

6. 雨
뜻: 소리:

7. 竹
뜻: 소리:

8. 魚
뜻: 소리:

9. 風
뜻: 소리:

● 선을 따라 잘라서 풀어 보세요.

● 빈 칸에 알맞은 한자를 쓰세요.

10.
바람 풍

11.
마을 리

12.
새 조

13.
주인 주

14.
책 책

15.
대나무 죽

16.
물고기 어

17.
조개 패

18.
비 우

魚　風　鳥　主　冊　貝　竹　里　雨

● 빈 칸에 알맞은 한자를 쓰세요.

19.  주인 / 인
20.  패물 / 물
21.  백조 / 백
22.  인어 / 인
23.  죽림 / 림
24.  우산 / 산
25.  풍차 / 차
26.  이장 / 장
27.  책상 / 상

里　貝　鳥　竹　冊　雨　風　主　魚

해답

133b

134a

134b

135a

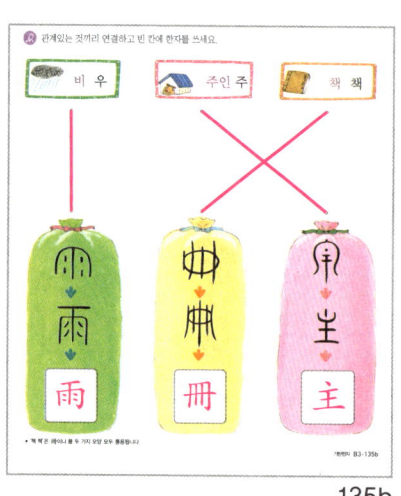
135b

136a

136b

137a

137b

B3-144a 기탄한자

기탄한자 B3집 부교재　한자 파노라마 놀이1

●B3집 12호 간지에 실린 한자 파노라마 놀이 방법을 활용해서 아이와 함께 놀아 주세요.

기탄한자 B3집 부교재 **한자 파노라마 놀이2**

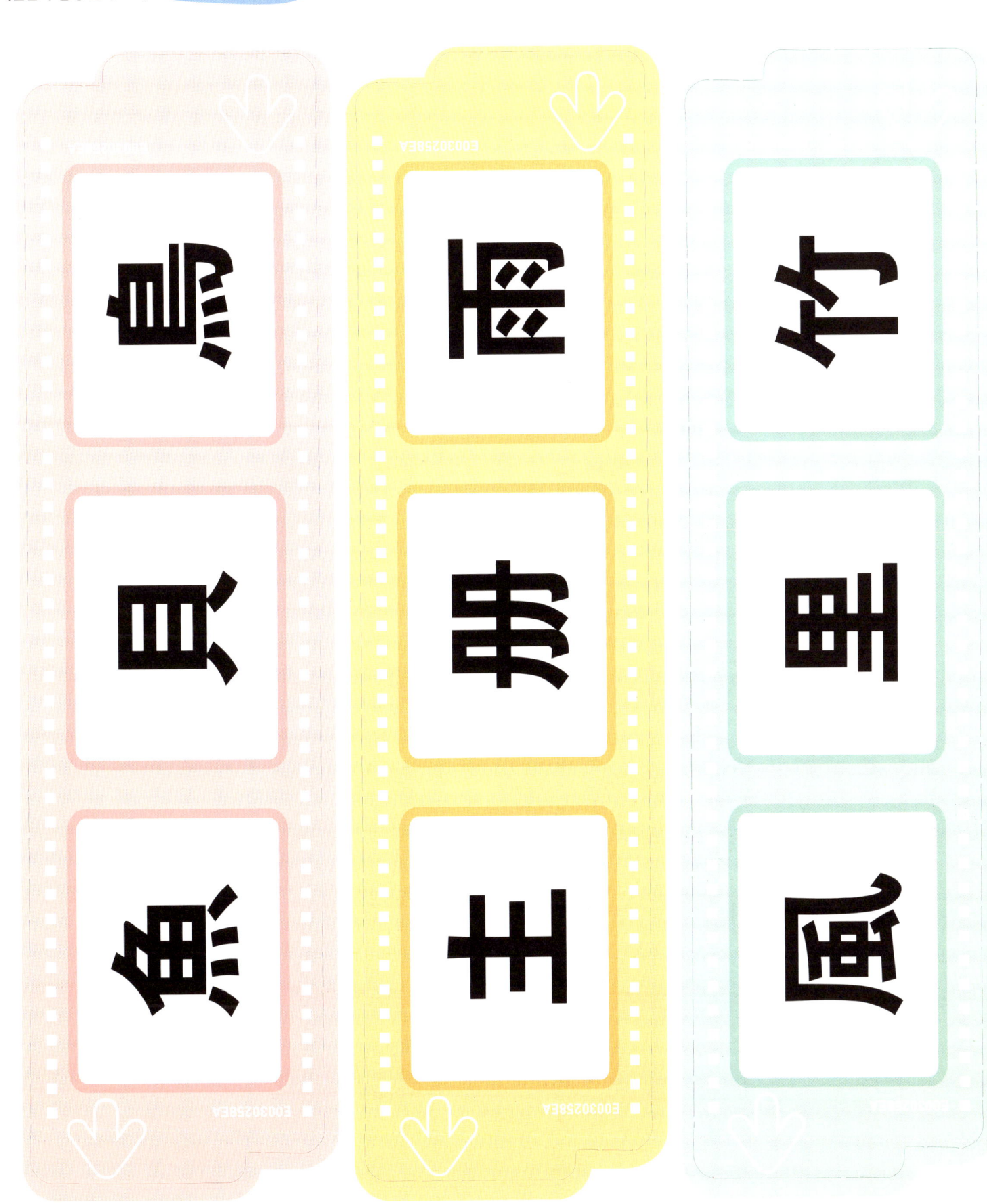

● 한자 필름을 성문을 열고 끼워서 놀아 보세요.

대나무 죽

마을 리

바람 풍

비 우

책 책

주인 주

새 조

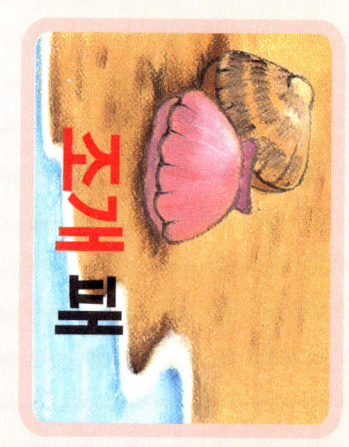
조개 패

물고기 어

133b

鳥

貝

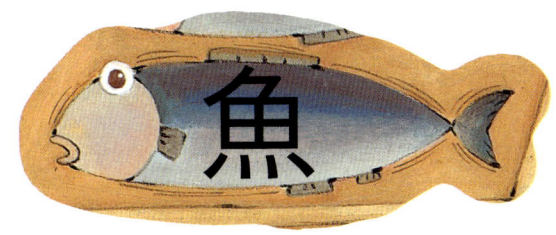
魚

135a

册

主

雨

136b

風

里

竹

139a

138a

138b

139a

139b

140a

140b

142b

143a

143b

펴낸이 : 정지향
펴낸곳 : (주)기탄교육
기획·편집·디자인 : 기탄교육연구소
주소 : 06698 서울특별시 서초구 효령로 40 기탄출판센터
등록 : 제2000-000098호
전화 : (02)586-1007
팩스 : (02)586-2337

※서점에 갈 시간이 없거나 구하기 어려운 분은 인터넷 또는 전화로 신청하세요. 즉시 우송해 드립니다.
●www.gitan.co.kr

ⓒ (주)기탄교육 All rights reserved.
저작권자의 동의 없이 본 교재를 무단으로 복제하거나 전재하는 것을 금합니다.

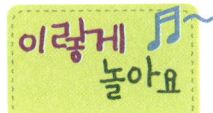

한자 파노라마 놀이

모든 문자는 실생활과 연관된 활용이 가장 중요합니다. 텔레비전이나 신문, 거리의 간판 등에서 자신이 알고 있는 한자를 만날 때 아이들은 학습에 흥미와 의욕을 느낍니다.
한자 파노라마 놀이는 이러한 상황을 연출하여 B3집에서 학습한 9자를 복습할 수 있도록 만든 놀잇감입니다.

● 뜻·소리 말하기

1 12호 부교재를 오려 한자 파노라마를 만들어요.

2 성그림에 문을 열고 한자 필름을 끼워 뜻·소리를 말해요.

3 모르는 한자는 필름 뒷면을 보고 뜻·소리를 확인해요.

• 제시된 놀이 방법 이외에도 재미있는 방법으로 익히도록 합니다.

기획·편집·디자인 기탄교육연구소
주소 06698 서울특별시 서초구 효령로 40 기탄출판센터 | **전화** (02) 586-1007 | **팩스** (02) 586-2337
ⓒ (주)기탄교육 All rights reserved. 본 교재의 저작에 관한 모든 권리는 (주)기탄교육에 있습니다. 저작권자의 동의 없이 본 교재를 무단으로 복제하거나 전재하는 것을 금합니다.